Nie mehr Ärger mit Mitarbeitern

Der sichere Weg zu glänzenden Erfolgen in der Reinigungsbranche

Edith Karl
Rudolf Pusterhofer

Wir danken unseren Kunden und Seminar-
teilnehmerinnen und -teilnehmern für
anregende Diskussionen zum vielfältigen Thema
Gebäudereinigung. Dadurch konnten wir einen
tieferen Einblick in die Branche gewinnen.

Besonders danken wir Herrn Geschäftsführer
Bundesberufsgruppenobmann KommR Gerhard Komarek
und Herrn Gerhard Apfelthaler, Schulungsleiter
der Firma SIGRON, die es uns ermöglichten,
Bilder der Reinigungsgeräte im Schulungszentrum
ihres Unternehmens anzufertigen.

www.sigron.at

1 Inhalt

Warum Sie eine 4. Auflage erhalten

Wir danken unseren Leserinnen und Lesern für ihren regen Zuspruch. Das löste viel Freude aus und dafür gibt es Lob und Anerkennung.

Doch einige Kommentare ließen uns keine Ruhe mehr. Sinngemäß hieß es da: Es sind ja viele nützliche Tipps und Tricks aus der Praxis dabei, die wir auch umgesetzt haben. Aber leider haben wir die guten Vorsätze auch bald wieder vergessen und dann war wieder alles wie zuvor.

In dieser **4**. Auflage finden Sie Platz, um Ihre Erlebnisse, weitere Vorhaben und Resultate einzutragen. So sehen Sie sofort, in welchen Bereichen Sie schon erfolgreich unterwegs sind und wo Sie noch „nachjustieren" wollen. Sie wissen es längst: Die Freude über bereits erreichte Erfolge gibt weiteren Aufschwung für noch bessere Ergebnisse.

Weiterhin viel Erfolg wünschen Ihnen
Edith Karl und Rudolf Pusterhofer

Vorwort

Wer sich entscheidet, ein Unternehmen zu gründen, ist sich seiner fachlichen Kompetenz bewusst und wird dadurch bald gute Aufträge an Land ziehen. Als Start-up mit nur wenigen Beschäftigten ist vieles noch Chefsache. Man ist selber vor Ort, bewahrt den Überblick und kann sich persönlich um die Anliegen der Kunden kümmern.

Es ist selbstverständlich erfreulich, wenn das Unternehmen wächst und gedeiht; doch mehr Arbeit zieht die Notwendigkeit, Mitarbeitende zu führen, und einen steigenden organisatorischen Aufwand nach sich. Als Chef mehrerer Beschäftigter, die zudem in verschiedenen, oft weit voneinander entfernten Objekten tätig sind, ist es schier unmöglich, überall persönlich vor Ort zu sein. Daher benötigen Sie als Unternehmer dringend kompetente Führungskräfte. Gute Führungskräfte sind vielfach der Schlüssel zu weiteren Erfolgen: Je klarer Sie selbst, Ihre Objektleiter und später vielleicht auch Ihre Regionalleiter das Personal führen, desto eifriger engagieren sich die Mitarbeitenden und desto bessere Leistungen und Erträge schauen unterm Strich heraus.

Unternehmer benötigen dringend kompetente Führungskräfte als Schlüssel zu weiterem Erfolg.

Auch wenn die Fachkompetenz eine notwendige Voraussetzung ist, so ist sie dennoch für Unternehmer und Führungskräfte nicht ausreichend – springen Sie daher möglichst frühzeitig auf den Zug der Mitarbeiterführung auf. In der Grundausbildung lernt man meist wenig zu diesem Thema. Diese Kenntnisse muss man sich später in der Berufspraxis und in weiterführenden Seminaren aneignen. Vielfach wird erst nach Beschwerden der Kunden oder wegen einer überdurchschnittlich hohen Mitarbeiterfluktuation über dieses Thema nachgedacht. Zuvor kannten einfach viele Unternehmer und Führungskräfte die hohe Bedeutung von Erfolgswissen nicht – dazu gehören das Führen, das Organisieren und das Verkaufen.

Oft scheint es am einfachsten zu sein, bei unliebsamen Vorkommnissen die Schuld bei den anderen zu suchen. Das ist zunächst einmal bequem, weil man nichts bei sich selber verändern muss. Doch die Kehrseite der Medaille ist, dass man sich ausliefert. Wenn der andere schuld ist, dann gibt man ihm gleichzeitig auch die alleinige Macht, etwas daran verändern zu können. Das Gegenteil von Macht ist bekanntlich die Ohnmacht, und die wäre das Einzige, was dem Unternehmer verbliebe. Doch Ohnmacht lähmt das Handeln – welcher Unternehmer, welche Führungskraft ist schon gerne unfähig, zu handeln?

Sehen Sie sich deshalb nach anderen Möglichkeiten um – hier werden Sie fündig. Sie erkennen, dass Sie ohne die Fähigkeit, Mitarbeiter zu führen, nicht in der Lage sind, für Ihre Kunden verlässliche und fachlich einwandfreie Leistungen zu erbringen.

So ziehen Sie den meisten Nutzen aus diesem Buch

Gezieltes Führungswissen gekoppelt mit Beispielen, die direkt aus dem Alltag der Gebäudereinigung stammen – das ist der Inhalt dieses Buches. Es soll Sie – wie ein Echolot – sicher durch alle Fahrwasser und Untiefen der Mitarbeiterführung lotsen.

Mithilfe von Praxisbeispielen laden wir Sie zunächst zur Selbstreflexion ein. In weiterer Folge beschreiben wir, welche Lösungsansätze andere Führungskräfte aus der Branche dazu entwickelt haben. Diese haben wir in zahlreichen Unternehmerlotsen-Sitzungen gemeinsam mit Ihren erfolgreichen Kolleginnen und Kollegen aus der Branche erarbeitet.

Wer liest, behält zwischen 10 und 20 Prozent des Inhalts im Gedächtnis. Damit wissen Sie schon mehr als alle, die nicht lesen. Sie sollen aber mehr Wissen im Gedächtnis behalten – das wünschen wir Ihnen. Das geschieht am leichtesten durch erste Anwendungen der neuen Inhalte und durch Wiederholungen. Deshalb haben wir dieses begleitende Arbeitsbuch für Sie geschaffen. Unsere Fragen wollen Sie zum Nachdenken anregen, wie Sie Ihre Erkenntnisse, Anregungen und Ideen in Ihrer Praxis anwenden können. Durch solche Gedanken, ein paar Stichworte und Gespräche mit anderen, bleiben bis zu 90 Prozent des Gelesenen in Ihrem Kopf. Und nicht nur das. Durch das Einordnen der Inhalte in Ihren Berufsalltag üben Sie sich bereits im Anwenden.

Sie wissen längst, dass die besten und hilfreichsten Bücher jene sind, die man selbst verfasst, besonders dann, wenn es um die eigenen Erfahrungen und Gedanken zur eigenen Arbeit geht.

» Dafür haben wir Platz geschaffen.
» Dazu stellen wir Ihnen wichtige Fragen. Schreiben Sie Ihre Erfahrungen und Gedanken auf, diskutieren Sie mit Ihren Kolleginnen und Kollegen, Mitarbeitenden und Chefs darüber.

Besonders wichtig dabei: Halten Sie hier nicht fest, was andere Ihrer Meinung nach tun oder schon längst getan haben sollten. Damit verändern Sie nichts. Es sei denn, Sie überzeugen die anderen Menschen davon, warum sie anders handeln sollen. Legen Sie hier unbedingt Ihre eigenen persönlichen Schritte fest und planen Sie einen Erledigungstermin dafür ebenso schriftlich ein.

Beispiel:

Nicht: Mein Chef hätte schon längst die Einschulung neuer Mitarbeiter besser planen können.
Sondern: Ich werde meine neuen Mitarbeiter ab jetzt in folgender Art und Weise einschulen: ....

Sie sehen schon, das können Sie selbst in Angriff nehmen. Bald haben Sie auch den Nutzen davon – die so investierte Zeit sparen Sie später nämlich mehrfach ein. Tipps zur Einschulung finden Sie in diesem Buch.

So gewinnen Sie noch mehr Sicherheit bei der Arbeit für Ihre Kunden – für sich selbst und Ihre Mitarbeiterinnen und Mitarbeiter. In einiger Zeit, wenn Sie selber gar nicht mehr daran denken, werden Sie beobachten können, dass andere es Ihnen gleichtun. Das ist gut für Ihre Nerven. Schließlich haben Sie noch immer viel zu tun.

Besonders zielführend ist es, Ihre Eintragungen in regelmäßigen Abständen zu überprüfen:

- Was konnten Sie verändern?
- Was haben Sie inzwischen bewerkstelligt?
- Welche nächsten Schritte nehmen Sie sich vor? Am besten gleich mit Datum versehen und wieder überprüfen.

Dieses ständige Nachjustieren und Optimieren bringt Sie kontinuierlich weiter.

Wir freuen uns, wenn Sie aus unseren Inputs die eine oder andere Anregung für Ihr eigenes Unternehmen gewinnen.

Im zweiten Teil zeigen wir Ihnen auf, *warum* bestimmte Führungstools Ihnen nützen und warum es sich lohnt, diese auszuprobieren.

Ihre Vorteile

Haben sich Ihre neu gewonnenen Führungsqualitäten erst einmal etabliert, dann steigt zunächst die Zuverlässigkeit Ihrer Mitarbeitenden. Zufriedene Beschäftigte sind meist auch treu und loyal dem Unternehmen gegenüber.

So erreichen Sie gemeinsam nicht nur die Zufriedenheit Ihrer Kunden, Sie werden diese auch immer mehr begeistern.

Sie wissen längst: Fachliches und handwerkliches Know-how haben nicht nur Sie allein, sondern auch Ihre Mitbewerber. Die Nase vorne haben jedoch jene Unternehmer und Führungskräfte, die zusätzlich über Erfolgswissen verfügen. Lassen Sie sich ein auf dieses – teils noch geheime – Wissen, um sich von der breiten Masse der anderen Anbieter abzuheben.

Mit diesem Buch möchten wir Ihnen den Schlüssel zu jenem Tor geben, das Sie – wenn Sie es einmal durchschritten haben – zu nachhaltigen Erfolgen jenseits ausgetretener Pfade führen wird. Sie erfahren darin wesentliche Erfolgsfaktoren zum Thema Mitarbeiterführung und spannende Erkenntnisse aus unserer Studie „Reinigung & more“.

Noch ein allgemeiner Hinweis:

Bei allen Bezeichnungen, die auf Personen bezogen sind, meint die gewählte Formulierung beide Geschlechter, auch wenn aus Gründen der flüssigeren Lesbarkeit die männliche Form steht.

Wir meinen immer Sie persönlich – egal, ob Sie eine Frau oder ein Mann sind.

Viel Freude und Inspiration beim Lesen wünschen Ihnen

Edith Karl *und* *Rudolf Pusterhofer*

Die Unternehmerlotsen für Unternehmer und Führungskräfte

1 Praxisbeispiele und Lösungsansätze

1.1 Das kommt in den besten Firmen vor – Beispiele aus der Praxis

In diesem Kapitel präsentieren wir Ihnen einige Beispiele aus der Praxis, wie sie in der Gebäudereinigung immer wieder vorkommen. Manche regen Sie vielleicht zum Schmunzeln an, vielleicht kommen Ihnen auch einige davon bekannt vor.

Beispiel 1: Achtung, tieffliegender Schrubber!

Die Reinigungsfirma A schafft sich einen nagelneuen Schrubberautomaten an – schließlich will man seinen Kunden Reinigungsqualität auf höchstem Niveau bieten. Dank der modernen Technik werden verschmutzte Böden flugs in blitzsaubere verwandelt – und das bei 30 Prozent weniger Arbeitszeit und 60 Prozent weniger Reinigungsmittel. Bei diesen verlockenden Aussichten werden sich die fast 6.000 Euro an Investitionskosten wohl rasch amortisieren, denkt man. Doch es geht auch um das gute Image bei den Kunden. Schließlich macht das Personal eine gute Figur, wenn es selbstbewusst und fachkompetent das Gerät lenkt.

Das neue Einsatzgebiet des Schrubberautomaten ist ein Kaufhaus. Der Schrubber kann 50 Liter Wasser fassen. Der Boden wird ständig mit sauberem und frischem Wasser gereinigt, Schmutz vom Boden saugt die Maschine samt Schmutzwasser sofort auf. Dadurch werden keine nassen Bodenflächen hinterlassen. Der geringe Geräuschpegel der Maschine erlaubt es, diese auch während der Geschäftszeiten des Kaufhauses einzusetzen. Die Beschäftigten der Gebäudereinigung freuen sich über die angenehmeren Arbeitszeiten. Das Kaufhaus setzt durch die ständige Präsenz von Reinigungskräften ein deutlich sichtbares Zeichen von Sauberkeit – sowohl für seine Kunden als auch für die Angestellten.

Vor Ort erklärt der Vertreter kurz, mit welchem Knopf man das Gerät startet und wie man es mit der Lenkung führt. Hört man auf zu lenken und weiterzufahren, dann stoppt auch der Schrubberautomat, versichert er seinen staunenden Zuhörern.

Arbeiten wir auch mit solchen oder ähnlichen Schrubberautomaten?

Welche Einschulung haben wir für das Gerät erhalten?

Wie wurden unsere Mitarbeiter zu diesem Gerät eingeschult?

Welche Erfahrungen haben unsere Mitarbeiter und ich selbst mit Schrubberautomaten gesammelt? Worauf kommt es an, wenn man mit einem solchen Gerät arbeitet?

Mit welchen Schrubberautomaten von welchen Firmen bin ich besonders zufrieden? Warum?

Mit welchen Schrubberautomaten von welchen Firmen bin ich unzufrieden? Warum?

Mit wem will ich darüber sprechen?

Bei welchem Kunden will ich mit einem solchen Gerät über die Vorteile der Tagesarbeit für ihn selbst sprechen? Welche Kundenvorteile fallen mir dazu ein?

Mit viel Motivation schreiten die Reinigungskräfte ans Werk. Doch auf den Fuß folgt ein entsetzter Anruf aus dem Kaufhaus: Trotz modernster Technik erwies sich der Schrubber als fluguntauglich und polterte mit großem Getöse über die Treppe. Der Schrubber ist demoliert, das Image der Reinigungsfirma ebenso. Zum Glück sind die Kunden und Angestellten des Kaufhauses und die Mitarbeitenden der Reinigungsfirma heil geblieben.

Meine persönlichen Gedanken zu dieser Situation:
Wie läuft es derzeit bei uns ab, wenn wir mit solchen Maschinen arbeiten? Was überlassen wir dem Zufall? Worauf möchte ich ab jetzt mehr achten?

✎

Nach einem Monat: Welche Veränderungen konnte ich anregen oder erreichen?
Wer hat mich dabei unterstützt?

✎

Nach zwei Monaten: Welche Veränderungen konnte ich anregen oder erreichen?
Wer hat mich dabei unterstützt?

✎

Nach drei Monaten: Welche Veränderungen konnte ich anregen oder erreichen?
Wer hat mich dabei unterstützt?

✎

Nach sechs Monaten: Welche Veränderungen konnte ich anregen oder erreichen?
Wer hat mich dabei unterstützt?

✎

Beispiel 2: Treppensteigen hält fit

Für den Einsatz in einem Objekt mit mehreren Stockwerken schaffte die Firma B vier neue Reinigungswagen im Wert von je 300 Euro an. Selbstverständlich wurden die Lifte exakt ausgemessen, um böse Überraschungen zu vermeiden.

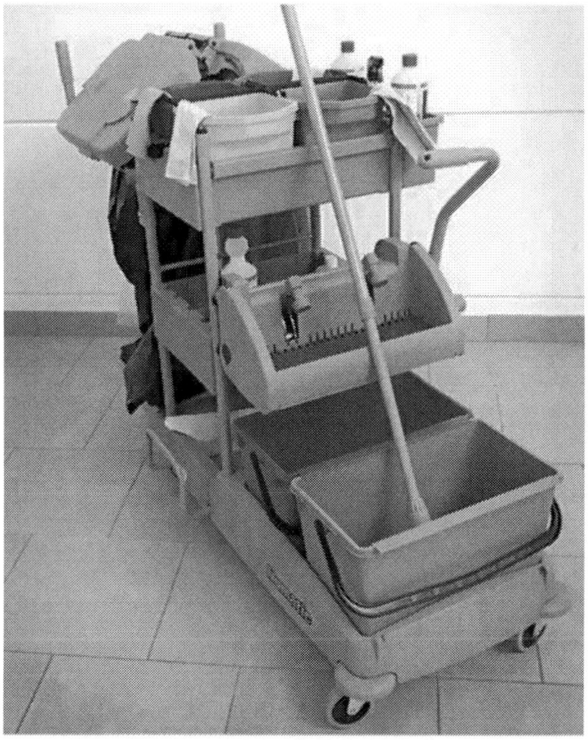

Die neuen Reinigungswagen wurden pünktlich angeliefert. Um die Wagen mit Reinigungsmitteln zu bestücken, mussten die Reinigungskräfte zu ihrem Abstellraum in einem der oberen Geschosse. Da alles perfekt ausgemessen worden war, passten die Wagen optimal in den Lift – nur ohne die dafür verantwortliche Reinigungskraft. Menschen waren bei den Berechnungen der Experten nämlich außen vor geblieben. Die Angestellten des zu reinigenden Objektes staunten nicht schlecht über die sportlichen Höchstleitungen der Reinigungskräfte, die über die Treppen wieselten, um ihren Wagen im richtigen Geschoss in Empfang nehmen zu können. Kopfschütteln und heimlicher Spott inklusive.

Wer sorgt bei uns für die richtigen Ausmessungen, wenn wir neue Geräte beschaffen?

✐

Wer überprüft bei uns, welche Reinigungswagen in ein neues Objekt passen und welche Lifte dort auf uns warten?

✐

Wie können auch wir die Menschen, welche die Arbeit verrichten, noch besser miteinbeziehen in Entscheidungen?

✐

Wie sieht es mit den Abstellmöglichkeiten für unsere Reinigungswagen aus? Wie kann ich das optimieren?

✐

Wie sauber halten wir unsere Reinigungswagen? Wie kann ich das optimieren?

✐

Was mir sonst noch zum Thema Reinigungswagen einfällt:

✐

Meine persönlichen Gedanken zu dieser Situation:

Wie läuft es derzeit bei uns ab, wenn wir mit Reinigungswagen arbeiten? Was überlassen wir dem Zufall? Worauf möchte ich ab jetzt mehr achten?

Nach einem Monat: Welche Veränderungen konnte ich anregen oder erreichen? Wer hat mich dabei unterstützt?

Nach zwei Monaten: Welche Veränderungen konnte ich anregen oder erreichen? Wer hat mich dabei unterstützt?

Nach drei Monaten: Welche Veränderungen konnte ich anregen oder erreichen? Wer hat mich dabei unterstützt?

Nach sechs Monaten: Welche Veränderungen konnte ich anregen oder erreichen? Wer hat mich dabei unterstützt?

Beispiel 3: Kehrtwende im Erdgeschoss

Das Reinigungsunternehmen C bestellte für ein zweigeschossiges Objekt einen Kehrautomaten, um die Bodenflächen möglichst zeit- und kosteneffizient zu reinigen. Das Gerät wurde prompt angeliefert und sofort in den Dienst gestellt. Nach der einwandfreien Reinigung des Erdgeschosses sollte auch der obere Stock gründlich gekehrt werden. Unangenehmerweise gab es in dem Gebäude keinen Lift. An ein Hinauftragen über die Treppe war bei 62 Kilogramm Eigengewicht der Maschine ebenfalls nicht zu denken.

Wurden auch bei uns schon falsche oder für ein Objekt unpassende Geräte bestellt?

✎

Wie laufen in meinem Unternehmen die Bestellungen von Geräten ab?
Wer ist daran beteiligt?

✎

Welche Ideen habe ich dazu und mit wem werde ich darüber sprechen?

✎

Wer könnte bei uns die entsprechenden Informationen an den Einkäufer weiterleiten?

✎

Meine persönlichen Gedanken zu dieser Situation:

Wie läuft es derzeit bei uns ab, wenn wir mit solchen Maschinen arbeiten? Was überlassen wir dem Zufall? Worauf möchte ich ab jetzt mehr achten?

Nach einem Monat: Welche Veränderungen konnte ich anregen oder erreichen?
Wer hat mich dabei unterstützt?

Nach zwei Monaten: Welche Veränderungen konnte ich anregen oder erreichen?
Wer hat mich dabei unterstützt?

Nach drei Monaten: Welche Veränderungen konnte ich anregen oder erreichen?
Wer hat mich dabei unterstützt?

Nach sechs Monaten: Welche Veränderungen konnte ich anregen oder erreichen?
Wer hat mich dabei unterstützt?

Beispiel 4: Übergewicht schadet Ihrem Führerschein

Firmenchef D bestellte für sein Unternehmen einen neuen Kleinbus. Diese Anschaffung war dringend notwendig, damit die schwere Kehrsaugmaschine zu den Kunden transportiert werden konnte. Bisher wurde die Maschine mit einem Anhänger vor Ort gebracht. Allerdings konnte nur eine Person fachgerecht mit dem Hänger rückwärtsfahren und diesen einparken. Die Angst, unbeabsichtigt irgendwo anzufahren, war zu groß. Daher wurden solche Fahrten von der Kollegenschaft unterlassen.

Für einen Kleinbus ist nur ein Pkw-Führerschein erforderlich, so können künftig mehrere Beschäftigte diese Fahrten übernehmen. Ein paar Tage nach Anlieferung des Busses waren bereits die ersten Mitarbeiter mitsamt der Kehrsaugmaschine auf dem Weg zu einem Reinigungsobjekt. Doch die Fahrt dauerte nur kurze Zeit: Eine Fahrzeugkontrolle ergab eine zu schwere Beladung des Kleinbusses, da das Gewicht der Kehrmaschine zuzüglich Auffahrrampe und sonstiger benötigter Beladung für diesen Fahrzeugtypus zu hoch war.

Wann war ich schon einmal recht schadenfroh, wenn unsere „gescheiten Chefs" sich irrten?

Wie könnte ich unsere Chefs unterstützen, alle Infos rechtzeitig auf dem Tisch zu haben – auch wenn sie nicht danach gefragt haben?

Wer achtet bei uns darauf, wie die einzelnen Gerätschaften und Fahrzeuge zueinander passen?

Welche Informationen kann ich dazu aus meiner Erfahrung beitragen?

Meine persönlichen Gedanken zu dieser Situation:
Wie läuft es derzeit bei uns ab, wenn wir größere Anschaffungen tätigen? Was überlassen wir dem Zufall? Wie möchte ich mich ab jetzt mit meinem Wissen einbringen?

Nach einem Monat: Welche Veränderungen konnte ich anregen oder erreichen?
Wer hat mich dabei unterstützt?

Nach zwei Monaten: Welche Veränderungen konnte ich anregen oder erreichen?
Wer hat mich dabei unterstützt?

Nach drei Monaten: Welche Veränderungen konnte ich anregen oder erreichen?
Wer hat mich dabei unterstützt?

Nach sechs Monaten: Welche Veränderungen konnte ich anregen oder erreichen?
Wer hat mich dabei unterstützt?

Beispiel 5: Kaltes Wasser fördert die Gesundheit

Echte Reinigungsprofis wissen: Es ist besser, kaltes Wasser zu verwenden als warmes. Dennoch hält sich die hartnäckige Mär, nur warmes Wasser mit möglichst viel Reinigungsmittel erzeugt echte Sauberkeit.

Doch Warmwasser bringt viele Nachteile: Mit Reinigungsmitteln vermischt wirkt es hautreizend und setzt teilweise giftige Dämpfe frei, die der Gesundheit der Reinigungskraft schaden können. Für eine ökologische Reinigung sind der richtige Einsatz mit Mikrofasertüchern und die verwendete Wassermenge wichtig. Oft wird einfach zu viel warmes Wasser mit entsprechendem Energieverbrauch verschwendet oder nicht mit den richtigen Mikrofasertüchern gereinigt.

Aufgabe der Führungskräfte ist es daher, den Beschäftigten kompetent die Vorteile von kaltem und die großen Nachteile von warmem Wasser sowie den richtigen Gebrauch von Mikrofasertüchern zu vermitteln.

Wann habe ich die Verwendung von kaltem Wasser zuletzt geschult?

✎

Wie habe ich mich davon überzeugt, dass die Mitarbeitenden mich verstanden haben?

✎

Wann habe ich diese Arbeiten zuletzt überprüft?

✎

Was mache ich, wenn weiterhin falsch gearbeitet wird?

✎

Meine persönlichen Gedanken zu dieser Situation:

Wie schule ich das Arbeiten mit kaltem Wasser? Worauf achte ich dabei?

✎

Wie war es für mich, die neuen Methoden anzuwenden? Welche Erfolge habe ich erzielt?

✎

Nach einem Monat: Welche Veränderungen konnte ich anregen oder erreichen?
Wer hat mich dabei unterstützt?

✎

Nach zwei Monaten: Welche Veränderungen konnte ich anregen oder erreichen?
Wer hat mich dabei unterstützt?

✎

Nach drei Monaten: Welche Veränderungen konnte ich anregen oder erreichen?
Wer hat mich dabei unterstützt?

✎

Nach sechs Monaten: Welche Veränderungen konnte ich anregen oder erreichen?
Wer hat mich dabei unterstützt?

✎

Beispiel 6: Kampf dem Chaos

Ein großes Problem in den meisten Branchen ist es, wenn an den Arbeitsplätzen das Chaos regiert. Chaotische Zustände verwirren und machen fehleranfällig. Das gilt selbstverständlich auch für die Arbeit mit einem Reinigungswagen. Besonders Getränkeflaschen auf den Reinigungswagen können eine – im schlimmsten Fall – tödliche Gefahr darstellen. Trinkflaschen umgeben von Reinigungsmitteln – das verstößt gegen jede Sicherheitsvorschrift.

Daher besteht für Vorarbeiter oder Objektleiter in solchen Fällen sofortiger Handlungsbedarf. Immer wieder kommt es vor, dass aus Flaschen getrunken wird, in denen sich gefährliche Chemikalien anstelle des vermuteten Getränks befinden.

Das Gefahrenpotenzial bei Verwechslungen ist groß: Es kommt zu Verätzungen und Vergiftungen, die bis zum Tod führen können. Diese Gefahr erhöht sich zusätzlich, wenn ein Reinigungsmittel mit einer ähnlichen Farbe wie das ursprüngliche Getränk in eine Flasche gefüllt wird und jemand „im guten Glauben" an die Aufschrift einen großen Schluck davon nimmt. Leider kommt es aus solchen Gründen in gewisser Regelmäßigkeit immer wieder zu Todesfällen.

Achtung: Sicherheitsvorschriften verbieten das Abstellen von Getränkeflaschen zwischen Behältern mit Reinigungsmitteln. Das Gefahrenpotenzial bei Verwechslungen ist zu groß: Es kommt zu Verätzungen und Vergiftungen, die bis zum Tod führen können.

Diese Gefahr ist den Reinigungskräften mit **Nachdruck** klarzumachen. Auch Sanktionen bei Nichtbefolgen der Vorschriften sind hier unerlässlich. Führungskräfte tragen eine große Verantwortung für die Gesundheit der Menschen – der Mitarbeitenden wie auch der Kunden.

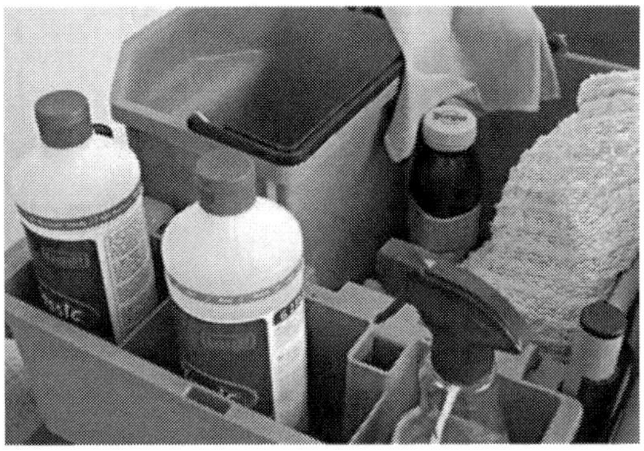

Neben der Gefahr für die betroffene Person ziehen solche Unfälle immer einen Imageschaden für das Gebäudereinigungsunternehmen nach sich. Wer liest schon gerne Schlagzeigen über seine Firma wie „Todesfalle Pagoflasche – Reinigungsunternehmer muss sich vor Gericht verantworten."?

Neben den großen Gesundheitsgefahren, die chaotische Reinigungswagen nach sich ziehen können, ist auch der Hygieneaspekt ein wesentliches Thema. Der teilweise recht lapidare Umgang mit dem Vier-Farben-System der Reinigungstücher lässt Schlimmes bezüglich Hygiene befürchten. Reinigungstücher in falschen Farben, ausgeschwemmt in den einzelnen kleinen Eimern mit der jeweils falschen Farbe, laufen meistens auf ein großes Durcheinander hinaus. Ihre Kunden werden wenig Verständnis dafür zeigen, wenn das rosa Reinigungstuch für die Toilette gleichzeitig auch für das Saubermachen der Küche verwendet wird.

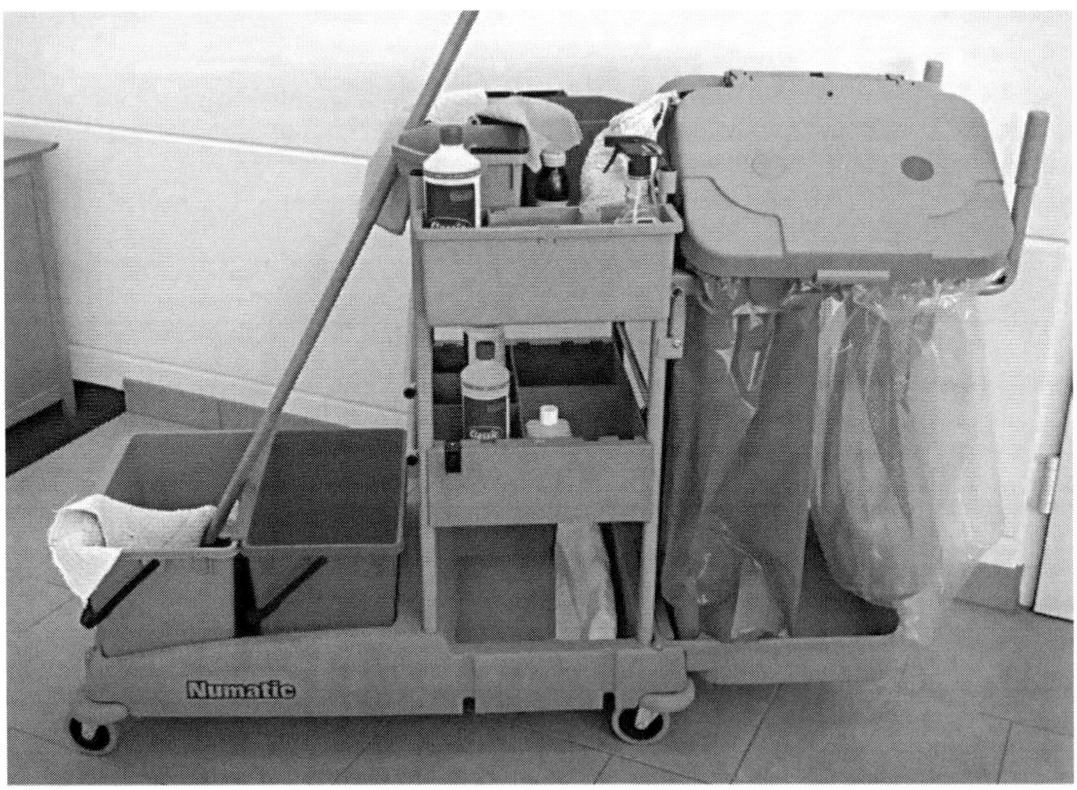

Eine entsprechende Einschulung aller Reinigungskräfte auf das Vier-Farben-System und eine regelmäßige Kontrolle samt den nötigen Verweisen sind unerlässlich. Wassereimer mit den gleichen Farben wie die Reinigungstücher tragen – bei sachgerechter Verwendung – wesentlich zur Hygiene bei.

Vier-Farben-System: Hier ein Beispiel von richtig verwendeten Reinigungstüchern

- **Grün** wird für die Oberflächenreinigung in Küchen und in Bereichen, wo mit Lebensmitteln hantiert wird, verwendet sowie im Bereich Krankenhaus und OP eingesetzt.
- **Blau** dient zur Oberflächenreinigung in Büros.
- **Gelb** benutzt man im Sanitärbereich für Bad, Waschbecken und Fliesen.
- **Rot** dient zur Säuberung von Toiletten und Urinalen.

So sieht ein richtig beladener Reinigungswagen aus:

Wie überzeuge ich meine Mitarbeiter, dass sie das rosa Reinigungstuch für die Toilette und keinesfalls gleichzeitig auch für das Saubermachen in der Küche verwenden dürfen?

✐

Wie überzeuge ich meine Mitarbeiter, warum sie Reinigungstücher immer entsprechend ihrer Farbe anwenden müssen?

✐

Was tue ich, wenn ich spüre, dass ich resigniere und Gedanken hege wie „die machen ja doch, was sie wollen, ich kann das auch nicht ändern"?

✐

Es ist sehr wichtig, dass Sie nicht resignieren, sondern mit aller Ernsthaftigkeit und mit Nachdruck darauf bestehen, dass Ihre Mitarbeitenden so arbeiten, wie sie es gelernt haben und wie es für alle Beteiligten der Hygiene entspricht. Ihre Leute spüren sehr genau, wie ernst es Ihnen mit diesen Dingen ist. Auch dazu kommt weiter hinten noch Unterstützung für Sie!

Wie oft habe ich meine Mitarbeitenden gelobt, wenn sie mit einem aufgeräumten Reinigungswagen unterwegs waren?

Wie oft habe ich anerkannt, wenn die vier Farben richtig verwendet wurden?

Solche Anerkennung ist wichtig, damit Ihre Mitarbeitenden erkennen, dass Sie gute Arbeit sehen und wertschätzen. Ihr Vorteil ist es, Zeit und Nerven zu sparen, wenn alles klappt. Das ist doch ein paar anerkennende Worte wert, nicht wahr?

Meine persönlichen Gedanken zu dieser Situation:

Wie oft habe ich meinen Mitarbeitenden bewusst Anerkennung gegeben?

✎

Nach einem Monat: Welche Veränderungen konnte ich anregen oder erreichen? Wer hat mich dabei unterstützt?

✎

Nach zwei Monaten: Welche Veränderungen konnte ich anregen oder erreichen? Wer hat mich dabei unterstützt?

✎

Nach drei Monaten: Welche Veränderungen konnte ich anregen oder erreichen? Wer hat mich dabei unterstützt?

✎

Nach sechs Monaten: Welche Veränderungen konnte ich anregen oder erreichen? Wer hat mich dabei unterstützt?

✎

Zusammenfassung

Oben genannte und ähnliche Begebenheiten passieren täglich in den unterschiedlichsten Kundenobjekten. Sie sorgen für Probleme und Unmut bei Unternehmern, Beschäftigten und bei den Kunden. Ziel der Unternehmer ist es doch, durch professionelle Arbeit zu punkten und nicht einen Stockerlplatz im Wettbewerb der Inkompetenz zu erringen.

Jeder Chef und jede Führungskraft kennt negative Verhaltensmuster, die sie oder ihn häufig verärgern. Schlechte Gewohnheiten haben sich oft über lange Zeit gefestigt und kletten sich geradezu an die davon betroffenen Personen. Doch das lässt sich vermeiden. Sogar ohne finanziellen Aufwand. Daher ist es an der Zeit, aktiv Lösungen dafür zu suchen.

Gleich vorweg: Ja, das kostet Zeit, aber nur anfangs. Die so eingesetzte Zeit erweist sich bald als eine vernünftige Investition, denn sind die guten Gewohnheiten erst einmal etabliert, verfestigen sich diese ebenso wie zuvor die schlechten. Nur dass Sie sich dann eine Menge Zeit und vor allem Nerven ersparen, die ansonsten mit dem Behandeln von Reklamationen und der Korrektur von Schäden vergeudet würde. Über die Jahre gerechnet ist der Gewinn an Image, Zeit und Gelassenheit wesentlich größer als der Aufwand, der zu Beginn eingesetzt werden musste.

Personalführung kostet Zeit. Aber: Die so eingesetzte Zeit erweist sich bald als eine vernünftige Investition, denn sind die guten Gewohnheiten erst einmal etabliert, verfestigen sich diese ebenso wie zuvor die schlechten.

Neugierig geworden? Dann bleiben Sie dran – wir haben noch viel zu erzählen! Bald werden Sie erkennen, wie Sie sich Ihr Leben erleichtern können.

1.2 Lösungsansätze kompetenter Gebäudereiniger

Ein altes Sprichwort sagt: „Aus Schaden wird man klug". Im Folgenden zeigen wir einige Lösungsansätze, mit denen andere Reinigungsunternehmen an die oben genannten Problemfälle herangegangen sind. Nutzen Sie diese gerne als persönliche Ressource – vielleicht hilft auch Ihnen die eine oder andere Vorgehensweise weiter.

Beispiel 1: Schrubberautomat

Bei der Problematik rund um den Schrubberautomaten fallen mehrere wichtige Aspekte zusammen. Aus diesem Grund ist eine solche Checkliste hilfreich.

Checkliste: Umsicht beim Einkauf

» Technische Daten des Gerätes
» Technische Daten der Räume, die gepflegt werden sollen
» Sind in dem Objekt Lifte vorhanden?
» Wie geräumig sind die Einsatzorte?
» Kann das Gerät gefahrlos bewegt werden oder sind besondere Maßnahmen erforderlich?
» Kann man das Gerät auch auf Treppen benutzen?
» Wie hoch sind die Unterhaltskosten für den Schrubberautomaten?
» Wie lange ist die Lebensdauer des Gerätes?
» Sind spezielle Versicherungen dafür abzuschließen?
» Bis wann hat sich das Gerät amortisiert?

Um diese vielfältigen Fragestellungen zu berücksichtigen, ist es nützlich, nach dem Mehr-Augen-Prinzip zu arbeiten und mehrere Fachkräfte mit einzubeziehen. Damit sinkt die Gefahr, wichtige Punkte zu vergessen, erheblich. Objektleiter, Vorarbeiter oder ausgewählte Reinigungskräfte stehen meist gerne für Informationen aus den Objekten zur Verfügung. Zusätzlich haben diese bereits oft praktische Erfahrungen im Hinblick auf die Bedienungsfreundlichkeit des gewünschten Gerätes.

Menschen führen

Am Beispiel Einkauf ist deutlich erkennbar: Führungsarbeit bedeutet immer wieder das **Zusammenführen wichtiger Informationen.**

Dazu benötigt man meistens mehrere Personen aus den unterschiedlichsten Arbeitsbereichen – so kommen die Menschen zusammen, die wichtige Informationen beitragen können und es auch gerne tun. Dabei lernen die Beteiligten einander immer besser kennen und optimieren so ihre Zusammenarbeit. Das Unternehmen genießt den Vorteil reibungsloser Abläufe für die Kunden.

> Menschen führen bedeutet häufig auch das Zusammenführen wichtiger Informationen. Dazu ist es wichtig, die von Entscheidungen betroffenen Personen in daran beteiligte Menschen zu verwandeln.

Zu welchen Aufgaben benötige ich (Fach-)Informationen aus unterschiedlichen Arbeitsgruppen?

✎

Welche Menschen erleichtern das Zusammenfließen dieser Informationen? Wie kann ich einen solchen Prozess organisieren?

✎

Zu welchem Thema, wie z. B. Einkauf, will ich unterschiedliche Informationen genauer zusammenfließen lassen als bisher?

✎

Wann werde ich das tun? Wen will ich miteinbeziehen?

✎

Welche weiteren Informationen will ich in Zukunft ähnlich organisiert einholen?

✎

Meine persönlichen Gedanken zu dieser Situation:
Wie kann ich die entsprechenden Menschen in unsere Entscheidungsprozesse einbinden?

Nach einem Monat: Welche Veränderungen konnte ich anregen oder erreichen?
Wer hat mich dabei unterstützt?

Nach zwei Monaten: Welche Veränderungen konnte ich anregen oder erreichen?
Wer hat mich dabei unterstützt?

Nach drei Monaten: Welche Veränderungen konnte ich anregen oder erreichen?
Wer hat mich dabei unterstützt?

Nach sechs Monaten: Welche Veränderungen konnte ich anregen oder erreichen?
Wer hat mich dabei unterstützt?

Führen einzelner Mitarbeiter

Am Beispiel des Schrubberautomaten zeigt sich deutlich, wie wesentlich es ist, die einzelne Reinigungskraft fit für ihre Arbeit mit dem neuen Gerät zu machen. In diesem Beispiel stürzte der teure Schrubberautomat über die Treppe, weil die Reinigungskraft zu nahe an die Stufen herangefahren war und dann einfach wegging.

Kaum ein Vertreter einer Geräteherstellerfirma hat viel Eigenerfahrung in der Bedienung der Gerätschaften vor Ort bei den Kunden. Und Hand aufs Herz: Wer hat in den meisten Fällen das größte Interesse daran, Mitarbeiter so anzuleiten, dass die Maschine möglichst lange ohne Reparaturkosten einsatzbereit bleibt? Kein Vertreter eines Geräteherstellers kann die fachkundige Arbeit einer Führungskraft ersetzen.

Doch diese Führungsaufgabe will geplant sein. Nützen Sie für ähnliche Tätigkeitsfelder einfach die nachstehende Checkliste und erweitern oder verändern Sie diese nach Bedarf.

Checkliste: Schulung der Mitarbeiter

» Welche Sicherheitsmaßnahmen sind für die Bedienung des Gerätes notwendig?
» Welche Schulungsmaßnahmen brauchen die Beschäftigten, um das Gerät kompetent und gefahrlos bedienen zu können?
» Wer kann diese Schulungsmaßnahmen durchführen?
» Reichen Informationen durch den Verkäufer des Gerätes oder sind weitere interne Schulungen nötig?
» Welche Unterlagen zum Nachschlagen geben Sie Ihren Mitarbeitenden nach der Schulung?
» Welches Format ist so handlich, dass Ihre Reinigungskräfte es auch tatsächlich benutzen?
» Wer überprüft anfangs häufiger den exakten Umgang mit dem neuen Gerät?
» Wer trägt diese neue Kompetenz in die Personalliste ein, um beim Einteilen neuer Arbeitstruppen rasch die Fertigkeiten der einzelnen Beschäftigten zu überblicken?
» Wer legt geplante Schulungen fest und hält sie ebenfalls in der Personalliste fest?

Ein weiterer wesentlicher Aspekt zum Thema Führungskompetenz:

Wenn Sie selbst das Personal entsprechend einschulen, verstärkt sich Ihre Beziehung zueinander.

Achtung:
Fragen Sie zuerst nach, was er oder sie bereits von der Vertretung am Gerät erlernt hat. Diese Wiederholung festigt das Gelernte und zeigt gleichzeitig auf, wo weitere Hilfestellungen notwendig sind. Durch solche praktischen Übungen kann auch die Freude an modernen technischen Hilfsmitteln vermittelt werden. Demonstrieren Sie selbst, wie gerne Sie dieses Gerät bedienen, der Funke soll schließlich auf Ihre Leute überspringen. Die Mitarbeiter fühlen sich durch die Vorbildwirkung und die persönliche Aufmerksamkeit der Führungskraft aufgewertet, wodurch sie selbstbewusster und gestärkter an die Arbeit gehen. Sie erkennen auch, dass ihr Wissen regelmäßig abgefragt wird und sie so ihren Wert als (angelernte) Fachkraft beweisen können und auch müssen.

Unser Vorschlag: Um den Überblick über bereits erworbene bzw. noch nicht vorhandene Fertigkeiten Ihrer Beschäftigten zu gewinnen, erstellen Sie am besten eine Qualifikationsmatrix. So behalten Sie jederzeit die Übersicht über den aktuellen Wissensstand Ihrer Mitarbeiter im Auge. **Nur ein Blick genügt – und Sie wissen schnell Bescheid.**

Qualifikationsmatrix für Reinigungskräfte

Als Leser dieses Buches erhalten Sie die Qualifikationsmatrix im Wert von 22,80 € hier gratis: https://t2m.io/qualifikationsmatrix

> Mit einer solchen Qualifikationsmatrix erkennen Sie schnell bereits erworbene bzw. noch nicht vorhandene Fertigkeiten Ihrer Beschäftigten.

Wie erfasse ich die Kenntnisse der neu eingestellten Mitarbeiter?

✎

Wie fertige ich übersichtliche Notizen über den weiteren Lernbedarf dieser Arbeitskraft an?

✎

Wie erkenne ich die am meisten in unserem Haus vertretenen Fähigkeiten?

✎

Wie nütze ich dieses Wissen für weitere Kundengespräche und Akquisen?

✎

Wie passen diese hauptsächlich vertretenen Fähigkeiten mit der Unternehmenspositionierung zusammen?

✎

Wie überprüfe ich, wie meine Mitarbeitenden den Kunden begegnen?

✎

Was unternehme ich, um meinen Mitarbeitenden Erfolgswissen, wie den Umgang mit Kunden, zu vermitteln?

✎

Meine Ideen und Notizen dazu:
Welche dieser angeführten Aspekte beachte ich bereits beständig?

✎

Worauf werde ich in Zukunft genauer achten?

✎

Wen will ich mehr miteinbeziehen?

✎

Welche Schritte plane ich dazu in welchem Zeitraum?

Nach einem Monat: Welche Veränderungen konnte ich anregen oder erreichen? Wer hat mich dabei unterstützt?

Nach zwei Monaten: Welche Veränderungen konnte ich anregen oder erreichen? Wer hat mich dabei unterstützt?

Nach drei Monaten: Welche Veränderungen konnte ich anregen oder erreichen? Wer hat mich dabei unterstützt?

Nach sechs Monaten: Welche Veränderungen konnte ich anregen oder erreichen? Wer hat mich dabei unterstützt?

Beispiel 2: Reinigungswagen im Lift

Auch bei der Neuanschaffung von Reinigungswagen gilt es, den Einkauf gut zu organisieren. Einige der oben bereits genannten Aspekte sind analog beim Ankauf von Reinigungswagen zu sehen.

Nicht nur in der Gebäudereinigung kennt man derartige Herausforderungen. Die Management-Literatur spricht hier bereits von einer ersten Stufe des Wissensmanagements. Dazu ist eine fachübergreifende Zusammenarbeit notwendig. Die für den Ankauf wichtigen Fakten können Sie bei einem Arbeitstreffen, über Telefon, Fax oder E-Mail einholen.

Führt man das Know-how mehrerer Wissensträger zusammen,
spart das oft sehr viel Geld und Zeit.

Führt man das Know-how mehrerer Wissensträger zusammen, spart das oft enorme Geldmittel. Neben den finanziellen Vorteilen spart es auch eine Menge an Zeit, die oft im Nachhinein mit Rettungsaktionen bei Schadensfällen und Problemen verloren geht.

Welche Wissensgebiete und welche Informationen führe ich in unserem Haus bereits zusammen?

✎

Wie erfasse ich dieses Wissen? (elektronisch, schwarzes Brett, andere Möglichkeiten)

✎

Wie mache ich es für andere zugänglich?

✎

Worauf werde ich in Zukunft genauer achten? Welche konkreten Schritte werde ich setzen?

✎

Wen will ich mehr miteinbeziehen? Wie werde ich dabei vorgehen?

✎

Wie verteile ich dieses Wissen, sodass alle es nutzen können und damit Ärger, Zeit und Reklamationen einsparen? Mit wem kann ich mich darüber austauschen?

✎

Meine persönlichen Gedanken zu dieser Situation:

Wie läuft es derzeit bei uns ab, wenn wir Neuanschaffungen von Maschinen planen und durchführen? Was überlassen wir dem Zufall? Wie werden wir welche Mitarbeiter ab jetzt mehr in Entscheidungen einbinden?

Nach einem Monat: Welche Veränderungen konnte ich anregen oder erreichen? Wer hat mich dabei unterstützt?

Nach zwei Monaten: Welche Veränderungen konnte ich anregen oder erreichen? Wer hat mich dabei unterstützt?

Nach drei Monaten: Welche Veränderungen konnte ich anregen oder erreichen? Wer hat mich dabei unterstützt?

Nach sechs Monaten: Welche Veränderungen konnte ich anregen oder erreichen? Wer hat mich dabei unterstützt?

Beispiel 3: Kehrautomaten

Oft rächt es sich bitter, wenn man auch nur eine Frage zu wenig gestellt hat. Einkauf und Personalführung hängen enger zusammen, als viele denken. Zwar geht es in erster Linie um die sachlichen Informationen für eine Neuinvestition, doch ein Mitarbeiter, als wichtig genug erkannt, um befragt zu werden, bildet dazu eine wesentliche Ressource für das Unternehmen. Wird man vom Chef um wichtige Informationen gebeten, stärkt das die Persönlichkeit und verbindet die beteiligten Menschen. Kaum etwas hält die Mitarbeitenden so sehr mit ihren Chefs zusammen wie gemeinsam erfolgreich durchgeführte Arbeitsschritte. Einen Betrieb mit einem solchen Arbeitsklima verlässt man nicht.

Das exakte Planen Ihrer Einkäufe senkt das Risiko von Fehlkäufen.

Skizzieren Sie den Einkaufsvorgang, planen Sie ihn in einzelnen Schritten und erfassen Sie die Personen, deren Informationen für Sie wesentlich sind. Wenn Sie sich bei jedem Einkauf daran halten, sinkt das Risiko, ähnliche Fehler wie im obigen Beispiel erneut zu begehen, gegen Null.

Wie läuft mein Einkaufsvorgang derzeit ab? Was läuft bereits routiniert und kaum fehleranfällig?

✎

In welchen Fällen wären ergänzende Checklisten hilfreich, um auch in Zeiten größter Hektik und Betriebsamkeit zeitsparend und möglichst risikolos bestellen zu können?
Listen Sie diese Vorgänge auf.

✎

Erstellen Sie gemeinsam mit anderen Betroffenen eine Checkliste dafür.
Finanzielle Einsparungen durch das Vermeiden von Fehlkäufen entschädigen Sie für diese Arbeit ebenso wie die Zeitersparnis danach, weil vieles einfach automatisiert durch das Abarbeiten der Checkliste ablaufen kann.

✎

Meine persönlichen Gedanken zu dieser Situation:
Wie deutlich zeige ich meinen Mitarbeitern, wie sehr ich ihre Informationen und ihren Arbeitseinsatz schätze? Wann habe ich den Menschen um mich herum zum letzten Mal deutlich meine Anerkennung gezeigt? Worauf möchte ich ab jetzt mehr achten?

✎

Nach einem Monat: Welche Veränderungen konnte ich anregen oder erreichen?
Wer hat mich dabei unterstützt? Welche Erfolge konnte ich dadurch erreichen?

✎

Nach zwei Monaten: Welche Veränderungen konnte ich anregen oder erreichen?
Wer hat mich dabei unterstützt? Welche Erfolge konnte ich dadurch erreichen?

✎

Nach drei Monaten: Welche Veränderungen konnte ich anregen oder erreichen? Wer hat mich dabei unterstützt? Welche Erfolge konnte ich dadurch erreichen?

Nach sechs Monaten: Welche Veränderungen konnte ich anregen oder erreichen? Wer hat mich dabei unterstützt? Welche Erfolge konnte ich dadurch erreichen?

Beispiel 4: Transport von Arbeitsgeräten

Firmenchef D hat seinen Kleinbus kein zweites Mal überladen – sein Lehrgeld war hoch genug. Seit diesem Desaster bespricht er jede Neuinvestition mit seinem Team, wodurch er mit seinen Leuten stark zusammengewachsen ist. Das spürt man – auch nach außen: Kürzlich bekam Herr D eine Bewerbung mit dem Hinweis, die neue Arbeitskraft habe sich bei Herrn D beworben, weil sich herumgesprochen hatte, dass man in dieser Firma ernst genommen wird. Herr D freute sich sowohl über den guten Ruf seiner Firma als auch über die neue Arbeitskraft, die sich gern von Anfang an aktiv einbringen wollte.

Auch hier ist es wesentlich, sich von Beginn weg die richtigen Fragen zu stellen, wie z. B.:

- » Wie schwer darf der neue Kleinbus beladen werden?
- » Wie viel wiegt das Gerät, welches wir befördern wollen?
- » Wie viel wiegt die Auffahrrampe, welche ebenfalls mitgeführt werden muss?
- » Braucht man zusätzliche Geräte oder Arbeitsmittel?
- » Wie viele Personen fahren zum Einsatzort mit?
- » usw.

Welche Autos haben wir in unserem Fuhrpark stehen?

✎

Wozu genau verwenden wir sie?

✎

Nach welchen Kriterien wurden sie ausgesucht?

✎

Meine persönlichen Gedanken dazu:

Aus welchen Missgeschicken bei Bestellungen haben wir gelernt?

✎

Wie beugen wir vor, dass uns das nicht mehr passiert?

✎

Beispiel 5: Kaltes Wasser

Am Beispiel kaltes versus warmes Wasser zeigt sich, wie wichtig, aber gleichzeitig auch schwierig das Thema Führen sein kann. Eingefahrene Muster lassen sich oft nur schwer durchbrechen. Doch Frau X hat es geschafft: Zuerst wiederholte sie für alle Reinigungskräfte die Einschulung bezüglich Wassertemperatur. Jedes Mal, wenn sie seither in ein Reinigungsobjekt kommt, überprüft sie, mit welcher Wassertemperatur die Reinigungskräfte arbeiten. Konsequent erfragt sie bei jedem einzelnen Mitarbeiter die Wassertemperatur. Ausreden wie *„es ist nur lauwarm"* lässt sie nicht durchgehen.

Ist das Wasser warm, muss die Reinigungskraft das Wasser wechseln. Dabei hinterfragt Frau X jedes Mal, warum es wichtig ist, mit kaltem Wasser zu reinigen, und hört gespannt die Antwort. Zum Abschluss des Gespräches hält Frau X fest: *„Ihre Gesundheit ist mir wichtig. Ich möchte nicht, dass Sie Dämpfe einatmen, die Ihrer Lunge schaden. Und sauberer wird es im Objekt auch mit dem kalten Wasser. Ich kann mich doch ab jetzt auf Sie verlassen?"*

Manchmal hört sie andere Reinigungskräfte schnell das Wasser wechseln, sobald sie sich nähert. Nach einigen Wochen war das kalte Wasser kein Thema mehr. Trotzdem fragt sie immer wieder nach der Wassertemperatur, um zu vermeiden, dass jemand „rückfällig" wird.

Mit welchen Schritten führt diese Objektleiterin ihre Mitarbeiter beim Reinigen mit kaltem Wasser?

✎

Die Auflösung finden Sie im Anhang

Meine Ideen und Ergebnisse dazu:

Bei welchen Mitarbeitern werde ich in den nächsten Tagen ähnlich vorgehen?

In welchen Abständen werde ich das richtige Vorgehen überprüfen?

Nach einem Monat: Welche Veränderungen konnte ich anregen oder erreichen? Wer hat mich dabei unterstützt?

Nach zwei Monaten: Welche Veränderungen konnte ich anregen oder erreichen? Wer hat mich dabei unterstützt?

Nach drei Monaten: Welche Veränderungen konnte ich anregen oder erreichen? Wer hat mich dabei unterstützt?

Nach sechs Monaten: Welche Veränderungen konnte ich anregen oder erreichen? Wer hat mich dabei unterstützt?

Beispiel 6: Schmutzige und unaufgeräumte Reinigungswagen

Ein Chaossystem lässt sich oft schwer durchbrechen. Daher gehören auch unaufgeräumte Reinigungswagen zu den „wiederkehrenden Ereignissen". Frau K, eine Vorarbeiterin, hat dieses Problem mit einer einfachen, aber wirkungsvollen Idee in den Griff bekommen: Sie fertigte zwei Fotos an – das eine zeigt einen chaotischen, das andere einen sauber aufgeräumten Reinigungswagen. Diese beiden Fotos klebte sie den Reinigungskräften auf ihre Wagen:

So nicht: unaufgeräumter Reinigungswagen

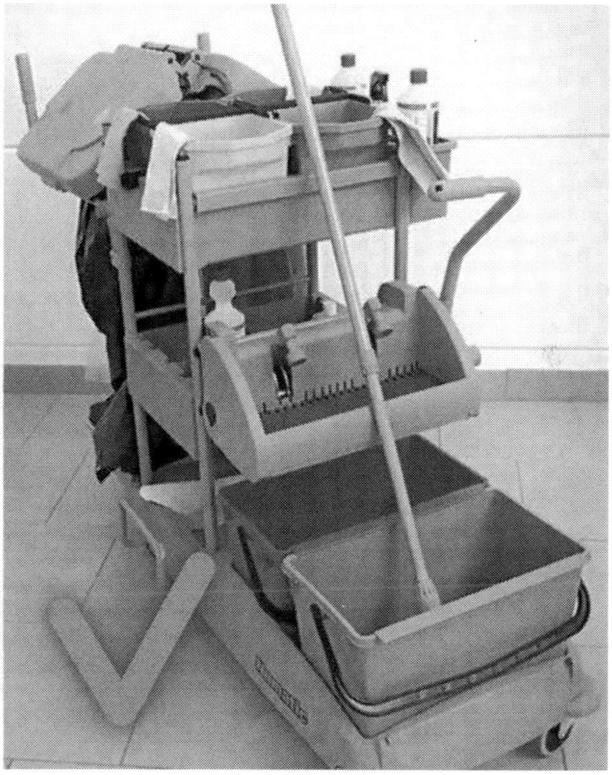

So sollte es aussehen: aufgeräumter Reinigungswagen

Sieht sie nun einen unaufgeräumten Wagen, zeigt sie nur noch auf das ordentliche Foto und fragt die Reinigungskraft nach dem Unterschied zu ihrem eigenen Wagen, mit dem sie gerade arbeitet. Darauf wird meist recht rasch für Ordnung gesorgt. Nachdem Frau K das einige Wochen lang konsequent durchgezogen hatte, traf sie meistens richtig bestückte und saubere Wagen an.

An die Problematik mit den Trinkflaschen ging Frau K mit aller Strenge heran. Sie warnte zunächst in einer gemeinsamen Schulung nochmals alle eindringlich vor dem Gefahrenpotenzial von Trinkflaschen auf dem Reinigungswagen. Aus Sicherheitsgründen ist es verboten, Getränkeflaschen, welcher Marke auch immer, mitzuführen.

Sie hielt fest, dass es unter allen Umständen zu vermeiden sei, dass Reinigungskräfte oder Angestellte im Kundenunternehmen gesundheitlichen Schaden, möglicherweise sogar mit tödlichem Ausgang, durch „vermeintliche Limonade" erleiden.

Setzen Sie beim Führen Ihrer Mitarbeiter auch die Stimme und die Körpersprache ein.

Ihre Stimme und ihre Körpersprache waren bei solchen kurzen „Vorträgen" stets klar und streng. Frau K machte damit deutlich, dass sie in solchen Fällen kein Pardon kennt, und das ist bei ihren Mitarbeitern auch angekommen.

Wann habe ich zuletzt dieses Thema mit meinen Mitarbeitenden abgehandelt?

✎

Glaube ich in meinem Innersten selbst daran, dass meine Leute entsprechend handeln werden?

✎

Wenn ich das nicht tue, bleibe ich erfolglos. Meine Mitarbeiterinnen spüren dann intuitiv, dass es mir nicht wichtig genug ist. Wie kann ich mein diesbezügliches Führungsverhalten optimieren?

✎

Erst wenn ich selber in meinem tiefsten Inneren davon überzeugt bin, kann ich den Funken überspringen lassen mit Körpersprache, Stimme und Worten.
Worauf werde ich exakter achten?

✎

Mit welchen Mitarbeitern werde ich dieses Thema beim nächsten Objektbesuch besonders bearbeiten (vor allem dann, wenn ich diese mit artfremden Flaschen ertappe)?

✎

Planen Sie Ihr Vorgehen für diesen Fall möglichst genau:

✎

Meine Ideen und Ergebnisse dazu:

Welche Wirkung konnte ich bei meinen Leuten erzielen?

Wie zufrieden war ich mit den nächsten Kontrollen?

Nach einem Monat: Welche Veränderungen konnte ich anregen oder erreichen? Wer oder was hat mich dabei unterstützt?

Nach zwei Monaten: Welche Veränderungen konnte ich anregen oder erreichen? Wer oder was hat mich dabei unterstützt?

Nach drei Monaten: Welche Veränderungen konnte ich anregen oder erreichen? Wer oder was hat mich dabei unterstützt?

Nach sechs Monaten: Welche Veränderungen konnte ich anregen oder erreichen? Wer oder was hat mich dabei unterstützt?

Zusammenfassung

Wir haben Ihnen mit diesen Beispielen nun einige Möglichkeiten aufgezeigt, immer wieder auftretende Herausforderungen im beruflichen Alltag von Gebäudereinigungsunternehmen meistern zu können.

Dabei haben wir uns zwei Themen von Handlungsmöglichkeiten gewidmet:

Thema 1: Das Organisieren der Arbeitsabläufe im Unternehmen und der Führungsstruktur

Thema 2: Das Führen von Mitarbeitern

Im folgenden Abschnitt werden wir diese beiden Aspekte genauer behandeln und dazu einen Blick auf deren theoretischen Hintergrund werfen. Dann können Sie leicht nachvollziehen, warum diese Vorgehensweisen Erfolg bringen.

2 Strategisches Führen – Organisatorische Herausforderungen meistern

Das vielfältige Fachwissen aus der Reinigungsbranche ist eine wesentliche Grundlage, um die bestellte Dienstleistung professionell erbringen zu können. Dennoch bemühen sich viele Unternehmer und ihre Führungskräfte für ein zu geringes Entgelt und viel zu wenig Anerkennung ihrer Leistungen.

Wirklich erfolgreiche Gebäudereinigungsunternehmen haben diese Zeit bereits hinter sich gelassen. Ihr Credo ist: Fachwissen alleine reicht nicht aus, um ein lukratives Einkommen, loyales Personal und begeisterte Kunden zu erreichen und diese beständig zu halten.

Erfolgreich ist, wer auf zwei Beinen im Geschäftsleben steht: Das eine Bein symbolisiert das reinigungsspezifische Fachwissen, das andere die sozialen Kompetenzen, auch Erfolgswissen genannt. Dazu gehört unter anderem das Wissen über das Organisieren des Unternehmens und das Führen von Menschen.

Das Organisieren in Unternehmen und das menschengerechte Führen von Mitarbeitern bedeuten eine enorme Erleichterung der täglichen Facharbeit und der Menschenführung. Die Kernthemen dabei sind:

- das Organisieren der fachübergreifenden Zusammenarbeit
- das Organisieren der Führungsverantwortung

> Erfolgreiche Unternehmer haben längst erkannt: Fachwissen alleine reicht nicht aus, um ein lukratives Einkommen, loyales Personal und begeisterte Kunden zu bekommen und diese beständig zu halten.

Häufig berichten Unternehmer und Führungskräfte, wie unterschiedlich ihre Kunden sich verhalten und welche unterschiedlichen Wünsche sie äußern. Es spricht durchaus auch ein gewisser Stolz auf die eigene Flexibilität aus den Unternehmern. Solche Kundennähe ehrt die Gebäudereiniger. Daraus soll ihnen jedoch kein Nachteil erwachsen. Überzeichnet bedeutet das: Wer das Rad immer wieder neu erfindet, bleibt finanziell auf der Strecke, weil alle anderen lange vor ihm ankommen.

Nehmen Sie sich daher einmal die Zeit, darüber nachzudenken, welche Arbeitsschritte immer wiederkehren. Es lohnt sich, diese Arbeitseinheiten so zu strukturieren und aufzuzeichnen, dass sie nach diesem Schema jederzeit wieder sorgfältig und zielführend erledigt werden können. Ein Beispiel dafür ist das Reinigen von WC-Anlagen. Diese Arbeitsvorgänge laufen in vielen Objekten gleich ab. Auch die Stiegenhaus-Betreuung lässt sich in großen Zügen vorstrukturieren. Natürlich gibt es dann Unterschiede je nach Materialien der Stiegen, Handläufe etc.

Ihre Reinigungskräfte fühlen sich durch klare Arbeitsabläufe bald sicherer bei den einzelnen Arbeitsschritten. So können sie erkennen, welche Arbeitsteile immer gleich ablaufen und wo es tatsächlich Unterschiede in den aktuellen Objekten gibt. Das erleichtert auch die Einschulung Ihrer Leute für neue Objekte. Es geht dann nur noch um die Besonderheiten vor Ort.

Für Abläufe muss es natürlich auch dazugehörige Verantwortliche geben. Wer kann diese Arbeitsabläufe durchführen? Wer kontrolliert diese Arbeitsabläufe?

Mit dieser soliden Basis wird die Führungskultur eines Unternehmens spürbar – sowohl bei den Mitarbeitern als auch bei den Kunden.

Ihre Kunden spüren klare Arbeitsabläufe und Führungsstrukturen auch dann, wenn sie diese nicht so benennen können. Wesentliche Repräsentanten dieser Führungskultur sind die Objektleiter und die Vorarbeiter. Diese müssen natürlich vertraut sein mit den standardisierten Abläufen und den dazugehörigen Ausnahmen und Erweiterungen. Wie zuvor schon beschrieben, müssen sie ihre Mitarbeiter dahingehend führen können. Dazu benötigen sie Führungstrainings und Erfahrungsaustausch.

Dieses Buch möchte keine vollständige Handlungsanleitung zur Organisation von Reinigungsunternehmen und zum Führen von Beschäftigten geben – das würde den Rahmen des Werkes sprengen. Ziel ist es, einige Denkimpulse zu setzen, damit Sie als Chef den Überblick über die vielseitigen Aufgabengebiete Ihres Unternehmens behalten und als Führungskraft erkennen, worauf es ankommt.

Gehen Sie also immer wieder einen Schritt zurück, ändern Sie Ihren Blickwinkel und geben Sie sich immer wieder genügend Zeit, um über Ihr eigenes Führungsverhalten aktiv nachzudenken.

Es lohnt sich, wiederkehrende Herausforderungen gezielt zu organisieren.

Welche Arbeitsschritte haben wir bereits klar festgehalten?

✎

Wie haben wir unseren Mitarbeitern dieses Wissen vermittelt?

✎

Welche Arbeitsanleitungen möchte ich noch erstellen?
Welche Fotos (z. B. mit dem Handy aufgenommen) kann ich dazu verwenden?

✎

2.1 Das Organisieren der fachübergreifenden Zusammenarbeit

Wir behandeln den Aufgabenbereich Organisieren der fachübergreifenden Zusammenarbeit anhand der Themenfelder Einkaufen, Einschulung, Materialfluss und Führen.

Einkaufen ist eine immer wiederkehrende Handlung in jedem Unternehmen. Wie die vorhergehenden Praxisbeispiele bereits zeigen, liegen dabei auch viele Stolpersteine auf dem Weg. Solche Schwierigkeiten lassen sich nur umgehen, wenn den handelnden Personen bewusst ist, dass man dazu Wissen und Erfahrung von Menschen aus mehreren Arbeitsbereichen benötigt. Sie können viele Fehlentscheidungen vermeiden, indem Sie die fachübergreifende Zusammenarbeit organisieren.

Den Einkauf organisieren

Die Praxisbeispiele 1 bis 5 zeigen auf, wie wichtig die Kooperation zwischen den Beschäftigten der unterschiedlichsten Fach- und Aufgabenbereiche ist.

Einkäufer bemühen sich meistens redlich, alle wesentlichen Punkte mit zu bedenken. Und dennoch passieren immer wieder Fehler. Denn das benötigte Wissen ist meistens auf mehrere Fachleute aufgeteilt. Der große Vorteil darin besteht, dass man sich nicht alles alleine merken muss und doch jederzeit auf das Wissen zurückgreifen kann. Voraussetzung dafür ist eine strukturierte, also organisierte Zusammenarbeit. Die folgende Checkliste erhebt keinen Anspruch auf Vollständigkeit. Für manches Gerät wird diese Liste wahrscheinlich sogar zu umfangreich sein, das soll Sie aber nicht weiter stören. Die unterschiedlichen Details dienen Ihnen vielmehr als Gedächtnisstütze, um in aktuell auftretenden Fällen zu wissen: Ist dieser Aspekt nun wichtig oder für den aktuellen Ankauf irrelevant? In anderen Fällen werden Sie vielleicht aus Ihrer Erfahrung heraus Punkte ergänzen oder verändern.

Was muss das Produkt können und wo wird es eingesetzt?

Produktspezifische Themen	**einsatzbezogene Angaben**	**Hinweise**
Was muss das Produkt können?	» » »	
Wo wird es eingesetzt?	» Innenräume » im Freien » etc.	
Besondere Kennzeichen des Einsatzortes	» nur Treppen, kein Lift » breite/schmale Treppe » gerade/geschwungene Treppe	» Maße angeben

Produktspezifische Themen	einsatzbezogene Angaben	Hinweise
Besondere Kennzeichen des Einsatzortes	» Wendeltreppen » Lift vorhanden	» Maße angeben
Maße des Gerätes		» Genaue Angabe » Passt es in den vorhandenen Lift? » Passt das Bedienpersonal auch dazu hinein?
Bodenreinigung	» Art des Bodens	
Bedienung des Gerätes	» Wer kann ein solches Gerät bereits bedienen? » Brauchen wir eine neue Einschulung durch den Lieferanten? » Wie schätzen die Reinigungskräfte dieses Gerät ein?	» Namen anführen » ☐ Ja / ☐ Nein » Namen und Aussagen
Wie reparaturanfällig war das Gerät bisher?	» Befragte Personen: Namen	» Aussagen dieser Personen
Wie zufrieden waren wir bisher mit dem Service des Lieferanten?	» zeitliche Erledigung nach Anruf » exakte Wartung » Reparatur durchgeführt	» wie viele Stunden/Tage? » zufriedenstellend: ☐ Ja / ☐ Nein
Welche internen Kosten sind für das Gerät bisher in welchem Zeitraum angefallen?		

Produktspezifische Themen	einsatzbezogene Angaben	Hinweise
Verbleibt das Gerät dauerhaft am jeweiligen Objekt?		
Liefert es der Lieferant gleich zum Objekt?		
Muss das Gerät von unserem Unternehmen transportiert werden?		
Abgleichen der Maße des Geräts mit der Belastbarkeit der vorhandenen Fahrzeuge	» Gewicht des Gerätes » Maße: Länge, Breite, Höhe » Ist eine Rampe notwendig? » Gewicht der Rampe	
Wer darf und kann die benötigten Transportfahrzeuge lenken?		
Welches Reinigungszubehör brauchen wir zu dieser Maschine vor Ort?		
Gibt es einen entsprechenden Geräteraum für diese Maschine im Objekt?	» Maße des Platzes » Was muss zusätzlich in diesen Geräteraum – reicht der Platz auch dafür? » Ist der Geräteraum vor unbefugtem Zutritt sicher? » Wo kann Wasser nachgefüllt werden, wenn es benötigt wird?	» Maße angeben » Produkte anführen » Maße für den noch verfügbaren Platz angeben » Wo genau?

Produktspezifische Themen	einsatzbezogene Angaben	Hinweise
Gibt es einen entsprechenden Geräteraum für diese Maschine im Objekt?	» Ist ein Stromanschluss für das Aufladen der Batterie vorhanden?	» Wo genau?
Sind Entsorgungsmöglichkeiten vor Ort vorhanden?	» für Schmutzwasser » etc.	» Wo genau?
Sind auch Halbstockwerke zu reinigen, die keine Ein- und Ausstiegsmöglichkeiten beim Lift haben?	» Wie können wir das Gerät sonst noch transportieren? » Welche Lösungswege gibt es, wenn das Gerät nicht anders transportierbar ist?	

Welche Personen benötige ich, um die Checkliste zu erstellen und die Daten bei jedem Einkauf einzuholen?

Bitte vervollständigen Sie diese Liste gemeinsam mit den Wissensträgern in Ihrem Unternehmen. Meistens sind das Objektleiter, Vorarbeiter, ausgewählte Reinigungskräfte und alle anderen Personen, die ihre Einkaufswünsche bei Ihnen deponieren und zudem über reichhaltiges Praxiswissen verfügen. Mithilfe dieser Checkliste kann man die notwendigen Fakten telefonisch oder per E-Mail erfragen, indem man sie an die betroffenen Personen sendet und diese bittet, die Liste mit ihren Erfahrungswerten zu ergänzen. Dadurch kann man sich selber die Arbeit erleichtern und die Gefahr, wichtige Informationen zu vergessen, sinkt gegen Null.

Wesentlich ist dabei, dass Sie diese Liste mit Sorgfalt erstellen und bei Bedarf erweitern. Haben Sie keine Bedenken vor dem Anwachsen der Liste: Die Einkaufsabteilung erhebt bei jeder Neuanschaffung nur die für den jeweiligen Einkauf benötigten Daten.

Erstellen Sie Checklisten für den Einkauf sorgfältig und erweitern Sie sie bei Bedarf.

Besonders Budgetverantwortliche benötigen für ihre Entscheidung klare Strukturen mit den Vor- und Nachteilen der einzelnen Anbieter. Je rascher sie den Bestbieter erkennen können, desto rascher kann ein – vielleicht schon dringend benötigtes Gerät – auch angeschafft werden.

Wie kann ich so eine Checkliste bei unseren Einkäufen nützen?

✎

Für welche unserer Einkäufe wäre sie relevant?

✎

Die Einschulung organisieren

Auch wenn der Einkauf noch so gut organisiert abläuft, hat man noch lange nicht die Gewissheit, dass alle Beschäftigten die teuren Geräte fachgerecht bedienen können. Daher ist es ebenfalls sehr wesentlich, zu erfassen, wer die Geräte künftig fachlich richtig bedienen kann. Dazu können Sie auch die vorhin erwähnte Matrix nützen. Haben Sie sich diese schon heruntergeladen?

Verschaffen Sie sich einen Überblick:

» Welche Personen können dieses Gerät bedienen?
» Stehen diese Personen auch in dem Objekt zur Verfügung, in dem das Gerät eingesetzt werden soll?
» Wie viele Personen sollten dieses Gerät bedienen können?
» Wie wird die Einschulung für diese Kräfte organisiert?
» Wer wiederholt das Erlernte mit den Arbeitskräften, damit sich das neue Wissen festigt und nicht in kurzer Zeit vergessen wird?

Planen Sie für Ihr Unternehmen

Welche dieser Einschulungsarbeiten gehören in Ihrem Unternehmen zu den Führungsaufgaben von Vorarbeitern, Objektleitern, Regionalleitern oder anderen Personen mit Führungsverantwortung? Für diese Festlegungen gibt es keine allgemein gültigen Regeln, da die einzelnen Firmen in ihrer Struktur viel zu unterschiedlich sind. Wesentlich ist, dass die anfallenden Aufgaben identifiziert und organisiert werden. Anschließend ist darauf zu achten, dass alle betroffenen Personen nach diesen Richtlinien arbeiten. Wenn neue Vorschläge oder möglicherweise bessere Ideen auftauchen, ist es wichtig, diese auch ernst zu nehmen und bei Bedarf an geeigneter Stelle zu deponieren. Auf diese Weise kann die Balance zwischen richtungsweisenden Regelungen und der beständigen Weiterentwicklung im Sinne der Arbeitskräfte und Kunden gehalten werden.

Nahe am Thema Einkaufen liegen auch der Materialfluss und die Lagerhaltung.

Welche guten Ideen habe ich dazu für unser Haus?

Den Materialfluss organisieren

- Wer bringt die benötigte Reinigungschemie wo hin? Hier sparen klare Regelungen viele leere Kilometer.
- Welches Notfallpaket sollen Objektleiter in ihrem Fahrzeug deponieren?
- Wie verschaffe ich mir den Überblick über den Verbrauch und den Lagerbestand verschiedener Materialien?
- Liegt der Materialverbrauch im geplanten Rahmen?

Regeln Sie für Ihr Unternehmen:

- Wer bestellt die Reinigungschemie nach?
- Welche Vorratsmenge muss zum Zeitpunkt der Bestellung noch vorhanden sein, um Engpässe weitgehend ausschließen zu können?
- Sind die Lieferzeiten der einzelnen Zulieferfirmen bekannt? Wenn nicht, sollten diese erfragt werden.
- Was wird zentral eingekauft, was darf welcher Mitarbeiter selbst besorgen?

Schreiben Sie hier Ihre Notizen zu den gestellten Fragen und bedenken Sie dabei gleich, ob das zufriedenstellend genug läuft oder ob Sie Verbesserungsvorschläge haben.

Mit wem will ich darüber sprechen?

Bis wann?

Ihr Unternehmen wird es Ihnen danken. Je klarer diese Vereinbarungen getroffen, schriftlich festgehalten und bekannt gemacht werden, umso besser funktioniert der Ablauf im Alltag.

2.2 Das Organisieren der Führungsaufgaben

Die Personalführung spielt in Unternehmen eine wichtige Rolle. Grundsätzlich gilt zu hinterfragen:

» Wer führt welche Beschäftigten?
» Welche Tätigkeiten umfasst diese Führungsarbeit?

In kleineren Unternehmen ist oft die vorherrschende Meinung, dass alle alles können müssen und auch für fast alles verantwortlich sind. Damit sind oft die unterschiedlichsten anfallenden Tätigkeiten ebenso gemeint wie Führungsaufgaben.

Achtung: Wer sich für alles zuständig fühlt, übernimmt für nichts wirklich die persönliche Verantwortung.

Auf den ersten Blick wirkt es möglicherweise optimal, wenn jeder für jeden einspringen kann. Doch jeder weiß, dass niemand alles können kann.

Im Zweifelsfall fühlt sich niemand persönlich für eine anfallende Aufgabe oder ein auftretendes Problem zuständig oder gar verantwortlich. Unbeliebte Arbeiten werden gerne hin- und hergeschoben und andere Tätigkeiten als dringlicher eingestuft. Dieses Verhalten kann sich speziell bei Führungsaufgaben sehr schädlich auswirken.

Erfolgreiche Unternehmer machen sich im ersten Schritt bewusst, welche Führungsarbeit in den verschiedenen Arbeits- und Fachbereichen anfällt.

Wie klar sind die Zuständigkeiten in unserem Haus geregelt?

✎

Welche Stellvertreter-Regelungen gelten in unserem Unternehmen?

✎

Wissen die Betroffenen darüber Bescheid?

✎

Wie wurden sie für ihre Stellvertretertätigkeiten eingeschult?

✎

Führungsaufgaben im Einkauf

Im Einkauf müssen nicht nur die Mitarbeitenden der eigenen Abteilung geführt werden, sondern auch die Besteller. Die benötigten Daten von den Kollegen aus anderen Fachbereichen müssen zum richtigen Zeitpunkt abrufbar sein. Nur so kann der Einkauf sinnvoll nach einem Preis-Leistungs-Verhältnis bestellen. Mit der Einkaufsabteilung muss ebenso abgestimmt werden, wer bei wem bestellen kann, darf oder sogar muss und inwieweit er auch für den Materialfluss zuständig ist.

Wie reibungslos klappt bei uns der Bestellvorgang?

Was kann ich persönlich zum Optimieren dieses Ablaufs beitragen?

Objektleiter und Vorarbeiter – wichtige Führungskräfte für den Erfolg in der Gebäudereinigung

Vorarbeiter und Objektleiter sind wesentliche Ansprechpersonen für ihre mitarbeitenden Reinigungskräfte, aber auch für die Kunden. Daher kommt ihrem Führungsverhalten große Bedeutung zu.

Es ist daher für Sie als Unternehmer wesentlich, zu überlegen, welche Aufgaben Sie diesen Schlüsselpersonen zuteilen und mit welchen Kompetenzen Sie diese ausstatten möchten. Für diese Entscheidungen gibt es keinen allgemeingültigen Weg. Verlassen Sie sich dabei auf Ihr unternehmerisches Gespür und passen Sie diese Entscheidung optimal an Ihr Firmenkonzept an.

Selbstverständlich müssen Sie diese Aufgaben mit den jeweiligen Damen und Herren besprechen. Es empfiehlt sich, die Vereinbarungen in einer Matrix festzuhalten.

Welche Führungsaufgaben haben Vorarbeiter in Ihrem Unternehmen?

- » In welchem Ausmaß beteiligen sie sich an der Arbeit im Objekt?
- » Für welche Führungsaufgaben sind sie zuständig:
  - Arbeitseinteilung
  - Arbeitskontrolle
  - Einschulung der Reinigungskräfte auf das Objekt
- » Führen oder kontrollieren sie das Objekttagebuch?
- » Bestellen Sie die Reinigungschemie bei der dafür zuständigen Person?
- » Dürfen/können/sollen/müssen Vorarbeiter erkennen, welche Zusatzverkäufe auf diesem Objekt möglich sind? Wem sollen sie das melden?
- » Wie sollen sich Vorarbeiter Kunden gegenüber bei Reklamationen verhalten?
  - Was sollten sie selbst vor Ort regeln?
  - Welche Beschwerden sind an wen zu melden?

Welche Aufgaben übernehmen Vorarbeiter in unserem Haus?

Wie zufriedenstellend läuft das für mich ab?

Was will ich verändern?

Führungsaufgaben unterscheiden sich wesentlich von fachspezifischer Arbeit. Bitte bedenken Sie daher, dass Ihre Vorarbeiter und Objektleiter zum Thema Führen die entsprechende Weiterbildung benötigen. In Kapitel **2.3 Führen einzelner Mitarbeiter** geben wir Ihnen einige hilfreiche Werkzeuge dazu an die Hand.

Machen Sie sich unbedingt Gedanken über folgende Punkte:
Welche Ausbildung und welche Vorkenntnisse benötigen Vorarbeiter, um die jeweiligen Objekte erfolgreich führen zu können?

✎

Wie gut sind sie in der Lage, andere anleiten zu können?

✎

Sind sie in der Lage, Fachfragen der Reinigungskräfte richtig zu beantworten?
Beispiel: Wissen Vorarbeiter für die Bahn- und Busreinigung, welche Materialien dort vorkommen und mit welcher Reinigungschemie diese bearbeitet werden müssen?

✎

Qualifikationsmatrix für Objektleiter und Vorarbeiter

Als Leser dieses Buches erhalten Sie die Qualifikationsmatrix im Wert von 22,80 € hier gratis: https://t2m.io/qualifikationsmatrix

Mit einer solchen Qualifikationsmatrix erkennen Sie schnell bereits erworbene bzw. noch nicht vorhandene Fertigkeiten Ihrer Beschäftigten.

Welche Führungsaufgaben haben Objektleiter in Ihrem Unternehmen?

- Für wie viele Objekte ist ein Objektleiter verantwortlich?
- Welche Ausbildung und welche Vorkenntnisse benötigt ein Objektleiter, um die entsprechenden Objekte erfolgreich führen zu können?
- Sind die Objektleiter in der Lage, Fachfragen der Reinigungskräfte richtig zu beantworten?
- Wie sollen sich Ihre Objektleiter von Ihren Vorarbeitern unterscheiden?
- Sollen sie auch neue Reinigungsaufträge generieren?
- Sollen Ihre Objektleiter Beschwerden der Kunden selbst mit diesen abklären? Wenn ja, in welcher Form sollen sie an wen darüber berichten?

Welche Führungsaufgaben haben Objektleiter in unserem Unternehmen?

Wie klar können sie ihre Mitarbeitenden anleiten?

Wie zielführend verhalten sie sich gegenüber unseren Kunden?

Besonders wichtig: Wer führt die Objektleiter?

- An wen sollen Objektleiter in welchen Zeitabständen berichten?
- Wer vereinbart ihren Aufgabenbereich mit ihnen?

Oft übernimmt der Unternehmer die Aufgaben des Objektleiters selbst – gemeinsam mit anderen Familienmitgliedern. Diese Taktik lässt sich so lange fortsetzen, bis der Unternehmer erkrankt oder aus anderen Gründen nicht persönlich erscheinen kann. Es gilt zu hinterfragen, ob das Personal in solchen Fällen in der Lage ist, das Objekt entsprechend dem Wunsch der Kunden zu reinigen.

Können die Reinigungskräfte diesen Erwartungen nicht entsprechen, wird das zum Risiko für den Unternehmer. Durch die ständige Präsenz am Objekt macht er sich zum Sklaven des eigenen Betriebes, dessen Fortbestand bald nur von ihm oder wenigen anderen Vertrauten abhängt. Auch wenn man mit einer sehr kleinen Firmengröße zufrieden ist, ist es sinnvoll, einen oder mehrere Vorarbeiter aufzubauen.

Kunden bemerken rasch, ob Fachkräfte und gut angelerntes Personal die Reinigung in ihrem Betrieb durchführen oder ob hauptsächlich unzureichend ausgebildete Kräfte am Werk sind. Das ist der direkte Weg in Unzufriedenheit, Missachtung und Preisschlachten mit den Mitbewerbern am Markt.

Können Ihre Kunden den Eindruck gewinnen, dass Fachkräfte und gut angelerntes Personal die Reinigung in ihrem Betrieb durchführen?

Wie sprechen meine Kunden mit hoher Wahrscheinlichkeit über meine Mitarbeiter, die vor Ort tätig sind?

Unternehmer, die mehrere Objekte und entsprechend viele Beschäftigte in ihrer Verantwortung haben, kommen am Aufbauen von Vorarbeitern nicht vorbei. Befindet sich der Betrieb im Wachstum, leisten Objektleiter wertvolle Dienste. Wichtigste Voraussetzung dafür ist, zu definieren, welche Aufgabenbereiche ein Objektleiter übernehmen soll. Halten Sie diese in einem klaren Dienstvertrag fest.

Reinigungsdienstleister spüren oft Unsicherheit, welche Aufgabenbereiche sie ihren Objektleitern übertragen sollen.

Das hängt von Ihrer Unternehmensstrategie ab. Wenn Sie beispielsweise selbst sehr gerne verkaufen und alleine dafür zuständig bleiben wollen, bitten Sie die Objektleiter darum, nichts zu verkaufen, sondern Ihnen zu melden, wenn sie in Objekten Zusatzverkäufe vermuten. Viele Unternehmer erzielen allerdings gute Erfolge, wenn Objektleiter Zusatzverkäufe tätigen oder auch neue Aufträge an Land ziehen.

Wichtig ist, dass Sie die Aufgabenbereiche mit Ihren Objektleitern genau absprechen. So gibt es kaum noch unliebsame Überraschungen.

Beachten Sie bitte in jedem Fall:

» Über welches Fachwissen verfügt Ihr Objektleiter?
» Welche Weiterbildung bringt Ihr Objektleiter zum Thema Führen mit?
» Welche Weiterbildung bringt Ihr Objektleiter zum Thema Verkaufen mit?
» Welche Weiterbildung zum Thema Führen benötigt Ihr Objektleiter?
» Welche Weiterbildung zum Thema Verkaufen benötigt Ihr Objektleiter?

Führen und Verkaufen sind wesentliche Erfolgsfaktoren in der Gebäudereinigung. Sorgen Sie daher für laufende Weiterbildung in diesen Bereichen. Ihr Fuhrpark benötigt schließlich auch jedes Jahr ein „Pickerl", um weiterhin zugelassen zu sein. Gute Führungskräfte und Verkäufer bringen Ihnen mindestens so viel Erfolg wie Ihr Fuhrpark.

Je nach Firmengröße gibt es vielleicht auch Niederlassungsleiter, Bereichsleiter, Regionalleiter und weitere Führungskräfte. Das zieht einen langen Weg durch die Hierarchien der Berichterstattung nach sich, bis eine möglicherweise wesentliche Information den Firmenchef tatsächlich erreicht. Es ist wichtig, Vertrauen aufzubauen, zu festigen, den Kontakt zur jeweiligen Basis nicht zu verlieren. Besonders wenig vom Geschehen vor Ort beim Kunden erfahren Unternehmer, die den Überbringer einer schlechten Nachricht bestrafen.

Planen Sie Ihre Kontrollfunktion:

» Welche Teile der Berichte überprüfen Sie stichprobenweise auf welche Art und Weise?
» Zu welchen Themen wollen Sie sich in welchem Geschäftsjahr genauer informieren?
» Welche Teile Ihrer Organisation besuchen Sie inkognito?
» Wie verfahren Sie mit Ihren Erkenntnissen bei diesen Kontrollen?
» Wie arbeiten Sie diese mit Ihrem Führungskreis auf?

Wie gehe ich bisher bezüglich der angeführten Punkte vor?

✎

Welchen Punkt will ich demnächst genauer unter die Lupe nehmen? Welche Vorteile erwarte ich mir davon?

✎

Zusammenfassung

Im vorangegangen Abschnitt haben wir uns den organisatorischen Fragenstellungen in der Reinigungsbranche gewidmet. Wir haben die Wichtigkeit von Vorarbeitern und Objektleitern herausgearbeitet und geben Ihnen anhand von Checklisten konkrete Strukturierungsmöglichkeiten mit auf den Weg.

Alle Lesenden, die darüber gerne mehr erfahren möchten, sind herzlich dazu eingeladen, mit uns in direkten Kontakt zu treten. **In unserer kostenlosen Lotsensitzung im Ausmaß von 20 Minuten beraten wir Sie gerne hinsichtlich Ihrer nächsten Schritte.** Wir freuen uns, bald von Ihnen zu hören.

2.3 Führen einzelner Mitarbeiter

Vielleicht haben Sie sich bereits an mancher Stelle gedacht: Das alles habe ich meinen Beschäftigten schon gesagt, aber es hat nicht viel genützt. Die haben einfach so weitergemacht wie bisher. Ihren Führungskräften ergeht es möglicherweise auch immer wieder so ähnlich. Doch das lässt sich ändern.

Wir geben Ihnen mit diesem Buch drei Werkzeuge aus dem noch weitgehend geheimen Erfolgswissen in die Hand, die – wenn man sie tatsächlich aktiv einsetzt – wahre Wunder bewirken.

Im vorangegangenen Abschnitt haben wir uns bereits mit dem Stellen von gezielten Fragen beschäftigt. Sie erkennen dabei, dass gut gewählte Fragen an die entsprechenden Wissensträger auch zu fachlich guten Ergebnissen führen. Das Fragen lässt sich jedoch noch weiter vertiefen, um die Menschen persönlich zu gewinnen.

Begeben wir uns nochmals in Ihren beruflichen Alltag. Wenn Sie bis jetzt der Meinung waren, Sie würden ohnehin bereits regelmäßig vor der Abfahrt Ihrer Mitarbeiter nachfragen, ob *„alles klar sei"*, dann haben wir nun zwei Nachrichten für Sie:

1. Auf diese und ähnliche Fragen antworten 99,8 Prozent der Beschäftigten mit „Ja".
   Schließlich wollen sie sich nicht vorm Chef blamieren.

2. Es kann nur besser werden – nämlich mit den *„PAKKO-Fragen"*.

Werkzeug 1: Stellen Sie PAKKO-Fragen

Wer richtig (!) fragt, der führt. Kann man auch falsche Fragen stellen? Ja, das ist leider möglich.

Hier zwei Beispiele dazu:

Geschlossene Fragen wie: *„Sie wissen, was zu tun ist?"*

Hand aufs Herz: Wer will sich schon freiwillig die Blöße geben. Daher werden solche Fragen zumeist mit *„ja"* beantwortet. Ganz besonders dann, wenn auch noch ein strenger Ton mitschwingt.

Rhetorische Fragen wie: *„Ihnen ist doch klar, dass es so etwas bei uns nicht gibt?"*

Wer solche Fragen öfter zu hören bekommt, kündigt meistens in der für das Unternehmen teuersten Form: nämlich innerlich. Man macht Dienst nach Vorschrift, und sobald sich etwas anderes ergibt, wird der Arbeitsplatz gewechselt. Wird dort ebenso nach diesem System gefragt, beginnt das Spiel von vorne.

Schreiben Sie drei Fragen auf, die Sie selbst häufig stellen und vergleichen Sie sie dann mit den PAKKO-Fragen.

Merkmale von PAKKO-Fragen

Die Art, wie Sie Ihre Fragen stellen, bewirkt, dass Ihre Mitarbeiter Ihnen mehr Informationen geben müssen. Meistens erhalten Sie sogar eine ehrliche Antwort. Schließlich ist mit falschen Zusicherungen niemandem geholfen. Das erreichen Sie am einfachsten mit sogenannten PAKKO-Fragen.

PAKKO bedeutet: **P**ersönlich – **A**ktiv – **K**onkret – **K**urz – **O**ffen

Mit PAKKO-Fragen erhalten Sie die Informationen, die Sie benötigen. Dadurch gehen Sie sicher, dass der Mitarbeiter weiß, was zu tun ist und wie die Geräte richtig bedient werden.

Sehen wir uns das anhand einer Frage aus dem Beispiel 1 an:

Ihre Grundfrage lautet: *„Wie werden Sie den neuen Schrubberautomaten bedienen?"*
Das bedeutet im Detail aufgegliedert:

„Wie werden Sie den neuen Schrubberautomaten bedienen?"
Diese Frage ist persönlich gestellt.
Sie ... das bedeutet Sie persönlich.

„Wie werden Sie den neuen Schrubberautomaten bedienen?"
Diese Frage zielt auf das aktive Verhalten der Befragten ab.
bedienen ... hier geht es um aktives Handeln, nicht um theoretische Erklärungen.
... wie arbeitet diese Reinigungskraft mit dem neuen Automaten?
... hat die Reinigungskraft es schon einmal ausprobiert?

„Wie werden Sie den neuen Schrubberautomaten bedienen?"
Diese Frage kurz. Das ermöglicht eine umso detailliertere Antwort. Schließlich wollen Sie sicher sein, dass die Reinigungskraft richtig handeln wird.

„Wie werden Sie den neuen Schrubberautomaten bedienen?"
Diese Frage ist konkret. Es geht hier nicht um Schrubberautomaten im Allgemeinen, sondern um dieses spezielle Gerät, mit dem am Objekt gearbeitet wird.

„Wie werden Sie den neuen Schrubberautomaten bedienen?"
Diese Frage ist offen. Darauf kann man nicht mit „ja" oder „nein" antworten. Die Reinigungskraft muss sich ihre eigenen Gedanken machen und erzählen, wie sie dieses Gerät bedienen wird.

Bild 1: Die meisten Informationen erhalten Sie mit PAKKO-Fragen.

P steht für ...., **A** steht für ...., **K** steht für ....,

K steht für .... und **O** für ....

In Führungssituationen verhelfen uns PAKKO-Fragen zu ....

Die Auflösung finden Sie im Anhang.

Sehen wir uns diese Art zu fragen weiter anhand einiger der obigen Praxisbeispiele an.

Bestellung von neuen Reinigungswagen (Beispiel 2)

Frage	**PAKKO?**	**Entsprechender Teil der Frage**
Welche Farben der Reinigungstücher verwenden Sie zu welcher Reinigungsarbeit?	» P – persönlich » A – aktiv » K – kurz » K – konkret	» ... verwenden Sie .... » .... verwenden Sie .... » Ja » Ja, da man die Farbe der Reinigungsart zuordnen muss
Wem stellen Sie diese Fragen?	» » »	Testen Sie sich selbst – Auflösung erst nach dem Selbsttest anschauen

Warum müssen Sie das Vier-Farben-System unbedingt einhalten?		
Welche Informationen brauchen Sie, bevor Sie einen Reinigungswagen bestellen?		

Die Auflösung finden Sie im Anhang

Mithilfe der PAKKO-Fragen erreichen Unternehmer, Vorarbeiter und Objektleiter aussagekräftige Antworten. Die Beschäftigten müssen gezielt über die Frage nachdenken, wiederholen dabei das Gelernte und ergänzen gemeinsam mit den Führungskräften, was sie vergessen haben.

Daraus ziehen Sie einen wichtigen Nutzen: Wenn die Beschäftigten selber wiederholen, was sie bereits wissen, dann festigt sich dieses Wissen. Unterstreicht man dies mit einem wertschätzenden Ton, dann verstehen die Menschen rasch, dass sie wichtige Arbeit verrichten, was wiederum für eine höhere Arbeitszufriedenheit sorgt.

Bild 2: Was erreichen Sie mit PAKKO-Fragen bei Ihrem Gegenüber?

Ich erreiche ....

Die Auflösung finden Sie im Anhang.

Werkzeug 2: Achtsames Zuhören

Die Art der Fragestellung ist ein wichtiger Schritt. Ebenso bedeutsam ist es, nach dem Fragen achtsam zuzuhören.

Achtsames Zuhören bedeutet, sich ganz auf die sprechende Person einzustellen, konzentriert ihren Worten zu folgen und auch ihre Körpersprache zu lesen. Absolute Konzentration auf eine sprechende Person schließt selbstverständlich aus, dass Sie bereits die Antwort in Gedanken „proben". Dabei würden Sie wesentliche Inhalte überhören.

» Wenn Ihnen gefällt, was Ihr Mitarbeiter sagt, zeigen Sie sich dafür erkenntlich. Loben Sie ihn für das, was er sich richtig gemerkt hat.
» Ist alles klar gesagt, machen Sie ein **Kompliment**. *„Fein! Ihnen kann man so ein teures Gerät wirklich anvertrauen. Viel Freude und Erfolg damit."*

So machen Sie Ihre Mitarbeiter stolz darauf, dass sie mit teuren und effizienten Geräten hantieren dürfen und dadurch den Kunden Nutzen bringen.

Wenn die Antwort noch nicht ganz zu Ihrer Zufriedenheit war, dann unterstützen Sie Ihren Mitarbeiter dabei, das im Gedächtnis zu behalten, was noch fehlt. Hier können Sie sich mit den passenden **Nachhakfragen** behelfen:

» *„Das ist schon fast alles, doch zwei wichtige Dinge fehlen noch."*
» Oder: *„Wie bringen Sie den Automaten wieder zum Stehen?"*

Die zuvor erwähnte volle Konzentration auf den Sprecher oder die Sprecherin entpuppt sich bald als Quelle von Informationen:

» Was hat die Person nicht erwähnt?
» Was gibt sie unrichtig wieder?
» usw.

Bild 3: Achtsames Zuhören bringt mir ....

Dafür muss ich .... und an ....

Die Auflösung finden Sie im Anhang.

Achtsames Zuhören lässt Führungskräfte erkennen, inwieweit sie mit ihren Mitarbeitern einer Meinung sind und wo noch nachzubessern ist.

Werkzeug 3: Verbalisieren

Wie können Sie sich helfen, wenn Ihnen manches Mal eine Antwort eines Mitarbeiters überhaupt nicht zusagt oder wenn er eine längere Zeit gar nicht antwortet?

Beobachten Sie Ihren Mitarbeiter genau, besonders die Körpersprache. Möglicherweise wird die Stirn immer krauser, weil er intensiv nachdenkt. Vielleicht zeigt der Mitarbeiter auch einen ratlosen Gesichtsausdruck, gefolgt von einem Schulterzucken und der Aussage: „So schnell fällt mir das jetzt gar nicht alles ein."

Wenn Sie ihn beispielsweise aufzählen lassen, was alles beim Arbeiten mit dem neuen Schrubberautomaten zu beachten ist, dann muss er sich tatsächlich anstrengen, muss nachdenken und Erklärungen liefern.

Daher üben Sie sich in Geduld und sehen Sie Ihren Mitarbeiter achtsam an, wenn er spricht. Oft sieht man dabei, wie sich der Mitarbeiter anstrengt und teilweise um Worte ringt. Auch wenn jemand keinen Migrationshintergrund hat, ist es für viele eine neue Erfahrung, sich so exakt mit dem Chef oder der Chefin auszutauschen. Denken ist anstrengend. Darum machen denkende Menschen ab und zu kleine Sprechpausen – da rattert es im Gehirn. Für diese Anstrengung hat sich der Denkende Ihren freundlichen Blick verdient. Ermuntern Sie ihn mit Ihren Beobachtungen in freundlich fragender Form.

» *„Sie runzeln die Stirn? Scheint gar nicht einfach zu sein, sich daran zu erinnern."*
» Oder: *„Sie wirken sehr nachdenklich? Können Sie sich daran erinnern, wann Sie das letzte Mal mit diesem Gerät gearbeitet haben?"*

Erst jetzt wird der Mitarbeiter es wagen, Ihnen eine ehrliche Antwort zu geben:

» *„Mir hat das noch keiner gezeigt."*
» Oder: *„Ich konnte mir nicht alles so gut merken."*

Wurde er tatsächlich noch nicht auf dem neuen Gerät eingeschult, dann ist es jetzt höchste Zeit dazu. Konnte er sich nicht alles merken, achten Sie sorgfältig darauf, den Mitarbeiter dennoch selber darüber nachdenken zu lassen. Geben Sie ihm Hilfestellung mit einer weiterführenden Frage, wie z. B.: „Was genau haben Sie sich denn gemerkt?" Unterstützen Sie dort aktiv, wo das Wissen noch fehlt.

Welche Vorteile ziehen Sie daraus?

Das Verbalisieren, d. h. das Beobachtete in Worte fassen, mag zeitaufwendig klingen. Tatsächlich sparen Sie dabei aber mehrfach Zeit.

Zum einen sparen Sie die Zeit, die z. B. ein Absturz des Schrubberautomaten kostet. In einem solchen Fall muss jemand zum Objekt fahren, die Maschine muss „eingesammelt" und verladen werden. Ganz zu schweigen davon, dass bei einem solchen Vorfall leicht Personen verletzt werden können – entweder Ihre eigenen Mitarbeiter oder Angestellte der Kunden. Oder gerade anwesende Kunden Ihrer Kunden. Ihr Firmenimage erhält auf jeden Fall eine Delle. Manchmal sogar eine große.

Mitarbeiter, die wertschätzend behandelt werden, arbeiten meistens wesentlich sorgsamer und fehlerfreier.

Ein Mitarbeiter, der wertschätzend von seinem Chef behandelt wird, gibt in den meisten Fällen etwas zurück, z. B. durch ein sorgsameres Arbeiten, durch eine erhöhte Aufmerksamkeit bei Einschulungen oder ein genaueres Durchlesen der Unterlagen. Mitarbeiter erkennen rasch, dass der Chef sie schätzt, im Gegenzug aber auch einwandfreie Arbeit einfordert. Persönliche Wertschätzung und herausfordernde Aufgaben lassen Menschen wachsen. Wachsen bedeutet immer Aufblühen. Das Gegenteil von Wachsen ist Absterben, bei Menschen im Beruf bedeutet das dann häufig innere Kündigung. Das kommt dem Unternehmen teuer zu stehen.

Selbstsichere, weil aufblühende und dadurch engagierte Mitarbeiter machen einen kompetenten Eindruck vor Ort beim Kunden. Das spricht im Objekt für Sie, für Ihr Unternehmen und für Ihre Beschäftigten.

Und eines können wir noch draufsetzen: Mitarbeiter, die sich geachtet und wertgeschätzt fühlen, wechseln nicht so leicht in eine andere Firma.

Bild 4: Verbalisieren bedeutet, den anderen .... und

....

Damit gebe ich meinem Gegenüber ....

Dafür erhalte ich .... und Menschen, die gerne mit mir

....

Die Auflösung finden Sie im Anhang.

Zusammenfassung

Erfolgreiche Menschen wissen: Erfolg ist erlernbar. Daher wenden sie das Erlernte auch regelmäßig an. Das bedeutet für Ihren beruflichen Alltag:

- Sie können sich selbst gut führen.
- Sie bleiben in gutem Kontakt mit Ihren Kunden.
- In Objektaudits verbinden Sie die Wünsche Ihrer Kunden mit den Kompetenzen Ihres Personals.
- Sie zeigen Ihren Mitarbeitern, dass das, was sie machen, Sinn hat.
- Sie können Ihr Unternehmen hervorragend präsentieren.

Der Lohn für Ihr konsequentes Verhalten ist groß

Kunden erfolgreicher Reinigungsunternehmen kaufen immer wieder beim selben Unternehmen ein. Schließlich haben Gebäudereiniger einen großen Vorteil: Auch die beste Reinigung eines Objektes ist vergänglich und muss immer wieder von Neuem durchgeführt werden.

Die Mitarbeiter fühlen sich in solchen Unternehmen wohl und geschätzt. Sie geben daher ihr Bestes, wodurch wiederum ihre Arbeit gute Ergebnisse bringt.

Erfolgreiches Führen bringt eine Win-win-win-Situation – für Unternehmer, Mitarbeitende und Kunden. Wenden Sie dieses Erfolgswissen an – Sie werden nachhaltig davon profitieren!

3 Anhang

Beispiel 5

Sie stellt Fragen zum Vorgehen, sie hört zu, sie zeigt Wertschätzung, sie überprüft immer wieder, ob die Reinigungskraft fachgerecht arbeitet.

Auflösung der PAKKO-Fragen

Frage	PAKKO?	Entsprechender Teil der Frage
Welche Farben der Reinigungstücher verwenden Sie zu welcher Reinigungsarbeit?	» P – persönlich » A – aktiv » K – kurz » K – konkret » O – offen	» ... verwenden Sie .... » .... verwenden Sie .... » ja » ja, da man die Farbe der Reinigungsart zuordnen muss » ja: Ja/Nein – Antwort nicht möglich
Wem stellen Sie diese Fragen?	» P – persönlich » A – aktiv » K – kurz » K – konkret » O – offen	» ...stellen Sie .... » ... stellen Sie ... » ja » ja, es geht nur um das Stellen von Fragen » ja: Ja/Nein – Antwort nicht möglich

Frage	PAKKO?	Entsprechender Teil der Frage
Warum müssen Sie das Vier-Farben-System unbedingt einhalten?	» P – persönlich » A – aktiv » K – kurz » K – konkret » O – offen	» ... müssen Sie ... einhalten » ...Sie unbedingt einhalten? » ja » ja, es geht um das Vier-Farben-System » ja: Ja/Nein – Antwort nicht möglich
Welche Informationen brauchen Sie, bevor Sie einen Reinigungswagen bestellen?	» P – persönlich » A – aktiv » K – kurz » K – konkret » O – offen	» ... brauchen Sie... » ... brauchen Sie .... » ja » ja, es geht um Informationen » ja: Ja/Nein – Antwort nicht möglich

Qualifikationsmatrix

Die Qualifikationsmatrizen für Reinigungskräfte bzw. Objektleiter und Vorarbeiter erhalten Sie als digitale Vorlagen im Shop: https://www.mut-akademie.com/buecher/

Bild 1: Die meisten Informationen erhalten Sie mit PAKKO-Fragen.

P steht für **persönlich**, **A** steht für **aktiv**, **K** steht für **konkret**, **K** für **kurz** und **O** für **offen**.

In Führungssituationen verhelfen uns PAKKO-Fragen **zu möglichst vielen Informationen zum Sachverhalt und zum Vorgehen des Mitarbeiters.**

Bild 2: Was erreichen Sie mit PAKKO-Fragen bei Ihrem Gegenüber?

Sie erreichen, **dass der andere sagt, was er weiß; Sie erkennen seinen Wissenstand; der andere fühlt sich ernst genommen ...**

Bild 3: Achtsames Zuhören bringt Ihnen **Informationen, wo der andere steht,** und **das Erkennen, wie sehr Sie übereinstimmen.**

Dafür müssen Sie sich **sehr konzentrieren** und an **nichts anderes denken.**

Bild 4: Verbalisieren bedeutet, den anderen **genau zu beobachten, ihm genau zuzuhören und dann das Erkannte in fragendem Ton zusammenzufassen.**

Damit geben Sie Ihrem Gegenüber **Wertschätzung**.

Dafür erhalten Sie **ehrliche Antworten** und Menschen, die gerne mit Ihnen **zusammenarbeiten**.

4 Literaturliste

Thomas Gordon 2005
Managerkonferenz: Effektives Führungstraining
rororo, 2005
http://amzn.to/1TBUzR6

Vera F. Birkenbihl
Stroh im Kopf? Gebrauchsanleitung fürs Gehirn.
mvg verlag, 2000
http://amzn.to/1TCBG62

Gerald Hüther
Was wir sind und was wir sein könnten: Ein neurobiologischer Mutmacher
Fischer, 2013
http://amzn.to/1TCCeZp

Friedemann Schulz von Thun
Miteinander reden 1: Störungen und Klärungen
rororo, 2010
http://amzn.to/1TBV6m6

Friedemann Schulz von Thun
Miteinander reden Teil 2: Stile, Werte und Persönlichkeitsentwicklung
rororo, 2010
http://amzn.to/1TCDrQu

Paul Watzlawick, Janet H. Beavin, Don D. Jackson
Menschliche Kommunikation: Formen, Störungen, Paradoxien
Verlag Hans Huber, 2011
http://amzn.to/1V8X4vy

5 Wie geht es weiter?

Schön, dass Sie bis hierher gelesen haben. Wahrscheinlich haben Sie beim Durcharbeiten der Fragen einige Steine ins Rollen gebracht. Wie engagiert arbeiten Ihre Mitarbeiterinnen und Mitarbeiter seither? Wie genau erfüllen sie die Zusagen an die Kunden? Und last, but not least: Wie viele Nerven konnten Sie sparen? Vielleicht haben Sie ja auch sich selbst und der Umwelt den einen oder anderen Kilometer erspart. Schön, wenn es weniger Reklamationen gegeben hat und Ihre Kunden Ihnen oder Ihren Mitarbeitenden sogar Anerkennung ausgesprochen haben.

Dies alles soll niemals aufhören. Sie haben es verdient. Doch wer unterstützt jetzt Sie, immer dranzubleiben, den anderen engagiert und mitreißend vorauszugehen? Sie wissen längst, dass jedes einzelne Fahrzeug des Fuhrparks Ihres Hauses jedes Jahr sein „Pickerl" bekommt. Und natürlich den dafür nötigen Service.

Auch Sie haben „Wartung" verdient – natürlich eine für Menschen, in Form von Gemeinschaft und Weiterbildung.

Hier sind Ihre weiteren Möglichkeiten, mit Gleichgesinnten und auch Kunden und Zulieferanten in Kontakt zu bleiben.

Sind Sie bei XING?
Hier gibt es eine Gruppe für Sie – Gebäudereinigung und noch viel mehr http://www.xing.com/net/gebaeudereinigung

Dort können Sie sich mit Gleichgesinnten aus Ihrer Branche, aber auch mit Kunden und Lieferanten austauschen.

Wollen Sie das hier Gelesene und Erfasste gerne gemeinsam mit anderen üben und noch so einiges dazulernen? In diesem Seminar haben Sie Gelegenheit dazu:

„Objektaudit als Führungsinstrument in der Denkmal-, Fassaden- und Gebäudereinigung".

Dieses Intensivtraining bietet Unternehmern und Führungskräften die Chance, mit Objektaudits geleistete Arbeit nachvollziehbar zu überprüfen, drei wirkungsvolle Führungstools kennen und anwenden zu lernen und ihre Kunden zu begeistern.

Auch in diesen Seminaren tauschen sich Menschen aus der Reinigungsbranche mit ihren Kunden und Lieferanten aus. Nach anfänglicher Scheu sind dabei schon so manche Geschäftsbeziehungen entstanden.
http://www.objektauditor.com

Bleiben Sie dran!

Wir freuen uns, Sie persönlich kennenzulernen.

Herzlichst
Edith Karl und Rudolf Pusterhofer

PowerManagement – Die Unternehmerlotsen

PowerManagement bestärkt Sie, Ihr Unternehmen klar im Markt zu positionieren, damit Sie sich deutlich von Ihren Mitbewerbern abheben in Ihrem Erscheinungsbild, in Ihren Angeboten und durch Ihren Service. Ebenso unabdingbar ist das menschengerechte Führen von Mitarbeitenden. Es gilt noch immer: Sie suchen Mitarbeiter und es kommen Menschen. Wer diese Menschen gut führen kann, gewinnt loyale und engagierte Mitarbeiter, welche ihre Kunden begeistern.

Ihr eigenes Wohlbefinden als Unternehmer und Führungskraft steigt und begeisterte Kunden zahlen angemessene Preise.

Sie finden auf https://t2m.io/shop
kontinuierlich neue Produkte für Ihren Erfolg als Gebäudereiniger. In unseren Trainings erhalten Sie spezielle Hilfen, Tipps und Tricks für das Führen und Auditieren von Objekten.

Ihre Unternehmerlotsen

Edith Karl

»Ich arbeite gerne mit Unternehmern aus der Gebäudereinigung, die sich unverwechselbar im Markt positionieren wollen. Gemeinsam finden wir Ihre ganz persönliche Perspektive als Unternehmer und mitarbeiterorientierte Führungskraft. So ziehen Sie die Kunden an, die Sie wirklich wollen und denen Sie und Ihre Mitarbeiter gerne besten Service bieten. Damit schaffen Sie eine kraftvolle Führungskultur, eine tragfähige Grundlage für das Standardisieren wiederkehrender Abläufe und eine überzeugende Qualitätsarbeit für Ihre Kunden.

Als Unternehmerlotsin achte ich auf klare Bewusstheit bei den menschlichen Begegnungen als Basis für unvergleichliche Serviceleistungen.« **www.edithkarl.com**

Rudolf Pusterhofer

»Seit Jahrzehnten sind mir klare Qualitätsstandards als Entscheidungsgrundlage ein wichtiges Anliegen. Als Werkstoffprüfer und Leiter des Qualitätsmanagements in zwei Großbetrieben bin ich mit diesen wichtigen Erfolgsfaktoren in der Wirtschaft bestens vertraut. Als Grundlage zur Leistungsvereinbarung haben sich Qualitätsstandards in allen Wirtschaftsbereichen etabliert und sind heute unumgänglich. Mit nachvollziehbaren Qualitätskriterien für Ihre Kunden erreichen Sie einen großen Wettbewerbsvorteil.

Als Unternehmerlotse ist mir das gemeinsame Erarbeiten und Umsetzen dieser Erfolgsfaktoren ein großes Anliegen – für Ihren Unternehmenserfolg und Ihre Stellung im Markt!“

Internationale Auszeichnungen

Comenius EduMedia Siegel 2006 · Comenius EduMedia Siegel 2007 · Comenius EduMedia Siegel 2007 · Comenius EduMedia Siegel 2007 · Comenius EduMedia Siegel 2009

Wir setzen als Unternehmerlotsen unser Wissen und unsere Erfahrung auch in elektronische Lerneinheiten um. Dafür haben wir bereits fünf internationale Auszeichnungen erhalten.

Impressum

Edith Karl, Rudolf Pusterhofer
Nie mehr Ärger mit Mitarbeitern
Der sichere Weg zu glänzenden Erfolgen in der Reinigungsbranche

Bildnachweise:
Titel ... clipdealer.com
S. 13, 17, 28, 29, 55, ... Fotos: PowerManagement, Reinigungsgeräte im Schulungszentrum SIGRON, www.sigron.at
S. 22 ... Foto: Kehrsaugmaschine Hako-Jonas 1500, HAKO GmbH, www.hako.com
S. 41, 78 ... Cover und Screenshots der Qualitätsmatrizen, digitale Vorlagen
S. 101 ... Porträts: Irmgard Daempfer www.immagine.at

Herausgeber
PowerManagement Verlag
Ein Geschäftsbereich der PowerManagement GmbH
Schmiedgasse 9a/5
AT-8605 Kapfenberg

verlag@powermanagement.at / www.powermanagement.at
Konzeption, Gestaltung, Satz: konzeptklar Grafikdesign, www.konzeptklar.de
ISBN: 978-3-90295-500-5

Printed in Poland
by Amazon Fulfillment
Poland Sp. z o.o., Wrocław

10534919R00058